W0357844

Sacrés Italiens !

Alberto Toscano

Sacrés Italiens !

ARMAND COLIN

Alberto Toscano, correspondant à Paris pour différents médias écrits et audiovisuels italiens depuis 1986, est l'un des « doyens » de la presse internationale accréditée en France. Déjà président de l'Association de la presse étrangère, il est actuellement président du Club de la presse européenne. Il participe régulièrement à des émissions sur plusieurs chaînes de radio et de télévision françaises et internationales.

Du même auteur

Ces gaffeurs qui nous gouvernent, Paris, Fayard, 2011.
Vive l'Italie. Quand les Français se passionnaient pour l'unité italienne, Paris, Armand Colin, 2010.
Critique amoureuse des Français, Paris, Hachette, 2009.
France-Italie. Coups de tête, coups de cœur, Paris, Tallandier, 2006.
L'Italie aujourd'hui, situation et perspectives après le séisme des années 1990 (en collaboration), Paris, L'Harmattan, 2004.
L'anti-américanisme en Italie, Cahiers d'Histoire sociale, Paris, Albin Michel, 2003 (ouvrage collectif).
La modernizzazione in Asia e in Africa, Università di Pavia, Editoriale Viscontea, 1989 (en collaboration).
La frontiera difficile. Relazioni Urss-Cina, Rome, Editori Riuniti, 1986 (en collaboration).
L'India oggi, Bologne, Franco Angeli, 1984 (œuvre collective), Prix Iglesias en 1985.
La Cina compie il miliardo, Lugano, Il Corriere del Ticino, 1980.
Indira Gandhi, Milan, Marzorati, 1980.
Terzo Mondo : dal neutralismo al non-allineamento, Milano, Moizzi editore, 1976 (en collaboration).

Maquette de couverture : Rémi Balligand

© Armand Colin, 2014
Armand Colin est une marque de
Dunod Editeur, 5 rue Laromiguière, 75005 Paris

ISBN : 978-2-200-27529-7
Internet : http://www.armand-colin.fr

Préface

Soyons sérieux ! Ce livre ne veut (et ne peut) pas exprimer tous les éléments qui caractérisent la réalité, l'histoire et les traditions des Italiens. Il est donc inutile de traquer manques ou omissions. J'ai tout simplement choisi des histoires, des personnages et des souvenirs qui me paraissent significatifs de la réalité italienne et aussi de ce qu'on pourrait appeler « le caractère italien ». Véritable exercice d'équilibre sur une corde raide, tendue entre deux rives, celle des idées reçues et celle du réel, avec le risque constant de tomber dans le fleuve qui court au milieu ; le fleuve de la banalité. Celui-ci est de plus en plus imposant depuis que notre Planète se trouve dans la galaxie de la communication, enveloppée par un brouillard qui rend difficile la distinction entre réel, rationnel et démentiel. Un bordel !

L'Italie est bien plus complexe que ce qu'on pourrait croire à première vue. À l'étranger (et aussi sur le sol de la Botte) on exprime parfois à la légère des opinions qui exigeraient une réflexion plus profonde. Le moins que l'on puisse dire est que les Italiens ne laissent pas indifférents les autres peuples de la Planète. Ils sont aimés et admirés, mais aussi critiqués et détestés ; parfois admirés et détestés, le plus souvent aimés et critiqués.

Dans ce livre je cite à plusieurs reprises le texte de chansons italiennes. Je me permets de suggérer au lecteur de profiter d'Internet pour les écouter (par exemple *O Sole Mio* peut être écoutée dans les versions de Enrico Caruso, Luciano Pavarotti, Dalida et Mina). J'ai choisi d'indiquer entre parenthèses, pour la plupart des personnages cités, leur date et lieu de naissance (éventuellement, de leur mort) tout simplement parce que je pense que ces informations peuvent être utiles au lecteur. Les personnages en question viennent souvent du monde du cinéma, qui est (surtout en Italie) un miroir fidèle et cruel de la société et de ses problèmes. Dans l'humble contexte de ce livre, j'ai essayé, moi aussi, d'exprimer mes opinions avec sincérité, sans crainte de paraître « cruel » envers mon pays et mon peuple. À mon avis ceux qui disent qu'il faut « adapter l'histoire à la cause de la grandeur nationale », ne rendent pas un bon service ni à l'histoire ni à la grandeur nationale.

Aujourd'hui, plus que jamais, la force d'un pays démocratique ne peut qu'être bâtie avec les pierres de la vérité. Nier ou camoufler la vérité, c'est contribuer à la répétition des erreurs passées. Donc, j'ai essayé de dire la vérité, évidemment sans prétendre imposer mes opinions ou mes points de vue. J'espère seulement qu'une nouvelle Italie est en train d'émerger au milieu des difficultés actuelles et que celle-ci sera capable de garder seulement (ou surtout) le meilleur de son passé et de ses habitudes. Espérer ne coûte rien. Il n'y a même pas de TVA sur l'espoir (pour le moment).

La force des Italiens est l'extraordinaire capacité de savoir rire d'eux-mêmes. Rire et pleurer ensemble, depuis des siècles. Depuis l'époque de la « commedia dell'arte », les Italiens ont l'art de trouver un peu de bonne humeur grâce à la beauté, à l'imagination et à l'ironie. L'autodérision (qui n'est pas forcément pratiquée à l'intérieur d'une voiture) est un facteur fondamental du « savoir vivre » à l'italienne. L'autodérision est le premier et peut-être le plus important des miracles de la péninsule.

Le rire est comme le cholestérol ; il y a le bon et le mauvais. Les Italiens ont heureusement le bon parce que depuis longtemps ils l'utilisent comme forme de contestation (souvent amère) du pouvoir et des injustices. Il existe un rire « actif » et un rire « passif », subi, humiliant. Dans l'un de ses plus célèbres spectacles (« Ci ragiono e canto », 1969) le Nobel de la littérature Dario Fo (né à Sangiano, Lombardie, en 1926) soutient que les riches veulent imposer au peuple de rire dans le but de les faire renoncer à la colère. Dans la chanson *Ho visto un re* (*J'ai vu un roi*), Dario Fo chante : « Et toujours joyeux nous devons être/car nos larmes blessent le roi/blessent le riche et le cardinal/ils deviennent tristes si nous pleurons ! » (« *E sempre allegri bisogna stare/che il nostro piangere fa male al re/fa male al ricco e al cardinale/diventan tristi se noi piangiam !* »). Rois, riches et cardinaux ne tolèrent pas la tristesse des pauvres, car ils craignent qu'elle puisse se transformer en révolte. Le vrai défi pour le peuple consiste à rester maître de ses bonnes et mauvaises humeurs. De rire seulement quand il en a envie et – si possible – de le faire en ironisant sur les défauts du pouvoir en place. D'être patron de sa propre hilarité. L'ironie peut dégonfler l'arrogance et la superbe, les conformismes et les conventions, les dogmes et les idées reçues. Rira bien qui rira le dernier.

J'ai également choisi de ne pas écrire des chapitres spécifiques sur la littérature, la musique, l'art et le cinéma italiens parce que ces références sont présentes dans l'ensemble du texte. J'ai plutôt essayé de les rendre vivantes grâce à leur intégration aux différents aspects de la réalité et de l'histoire du « *Bel Paese* », le beau pays. Eh oui, les Italiens aiment appeler ainsi leur terre surtout depuis qu'en 1906 l'industriel Egidio Galbani a commencé à produire le fromage « Bel Paese », devenu célébrissime dans les années 1950 avec le boom de la publicité et le miracle économique. « *Mangia, Alberto ! Mangia il Bel Paese !* », me disait ma mère il y a 60 ans. Ce fromage avait la saveur de la famille. Comme ça, nous sommes arrivés tous les deux à cent ; ma mère en années et moi en kilos.

Le souvenir de ces fromages, enveloppés dans un papier avec le dessin de la péninsule en vert, reste une image d'enfance (une « Madeleine de Proust ») pour des dizaines de millions d'Italiens. Le beau pays tel un grand fromage. La nouvelle Italie démocratique de l'après-guerre telle une immense vache à lait. Quoi de mieux pour une terre de paysans, encore liée à l'agriculture, malgré l'impressionnante industrialisation des années 1950 et 1960 ? En 1841, en Grande-Bretagne, le nombre d'actifs employés dans l'industrie dépassait celui des actifs employés dans l'agriculture ; en Italie cet événement n'a eu lieu qu'en 1961. En ce début de XXIe siècle, les Italiens sont bien forcés de constater qu'ils ont un peu trop profité du « *Bel Paese* ». Le peuple des ex-paysans a de sérieux problèmes à résoudre. Les Italiens doivent s'interroger sur eux-mêmes. Et changer quelque chose dans leurs perceptions, dans leurs attitudes, dans leurs comportements. La vache n'a plus de lait. *La mucca non ha più latte !*

« Ça sert à quoi un Italien ? »

Une fois, un confrère allemand m'a posé cette question lors d'un débat sur l'Europe à l'antenne d'une radio française. On parlait de monnaie unique, de dettes publiques et du fait que, selon lui, l'Europe avait besoin de la puissance d'imagination du peuple de la péninsule. Pendant une minute de publicité, à micro éteint, il m'a demandé avec un sourire : « Alors, Alberto, ça sert à quoi un Italien ? ». J'ai répondu par un autre sourire et par cette phrase : « Un Italien sert à peindre la chapelle Sixtine et à inventer le Nutella ! ».

Une dizaine d'années plus tard, au moment de commencer ce livre, la question du journaliste allemand m'est revenue à l'esprit et j'ai commencé à réfléchir. Mieux vaut tard que jamais. Je suis parti de loin. J'ai demandé à mon ostéopathe à quoi sert un ostéopathe. La question était digne du Nobel de la bêtise, parce que je me trouvais sur la table de soins de l'ostéopathe en question et, par définition, je devais savoir ce que j'attendais de lui. Surprise ! Au lieu de me le faire remarquer et de me suggérer un traitement à base de phosphore, il a commencé à me raconter – à l'aide de mille et un détails – comment il est devenu ostéopathe et pourquoi il a choisi cette noble profession. J'ai demandé à un banquier à quoi sert un banquier. Par les temps qui courent, il aurait pu prendre ça comme une provocation et réagir de façon désagréable. Non. Il m'a raconté, lui aussi, les raisons qui l'ont poussé à choisir cette profession que l'opinion publique considère, à juste titre, comme beaucoup moins noble que celle d'ostéopathe (mais qui bizarrement est beaucoup mieux rémunérée, peut-être à cause des risques de prison ou de lynchage). J'ai poursuivi mon enquête avec un boulanger, un bouquiniste et un cosmonaute : tous avaient plus envie de raconter les raisons de leurs choix professionnels que de parler de l'utilité de leur métier. Le résultat est que je me suis retrouvé seul avec mon problème, avec cette vieille question si ironique, si bizarre et quelque part si sérieuse. Ça sert à quoi un Italien ?

Je n'ai pas choisi d'être Italien. Eux ont choisi de devenir ostéopathe, cosmonaute, boulanger, bouquiniste ou banquier. Moi, je peux raconter comment je suis devenu journaliste, mais pas comment je suis devenu Italien. Et, de toute façon, expliquer à quoi sert aujourd'hui un journaliste serait encore plus difficile que d'expliquer à quoi sert un Italien. Surtout que cette explication serait beaucoup plus gênante pour une personne comme moi, qui s'obstine malgré tout à croire à l'idée (ou plutôt à l'idéal) de la dignité de l'information. Donc, je préfère revenir à la surprenante question qui m'a été posée par le confrère allemand. Répondre qu'un Italien peut servir à découvrir l'Amérique et à peindre la Joconde serait trop facile. En plus, aujourd'hui, il n'y a plus d'Amérique à découvrir et tout le monde est capable de copier la Joconde. Par contre, il y a de nouveaux défis qui engagent une communauté dans son ensemble. Il y a des dettes à payer et des charrettes à tirer. Le héros d'hier était un Christophe Colomb (Gênes, 1451 – Valladolid, Espagne, 1506), un Léonard de Vinci (Vinci, Toscane, 1452 – Amboise, 1519) ou un Galilée (Pise, 1564 – Arcetri, Toscane, 1642). Le héros d'aujourd'hui est le citoyen lambda, qui respecte les lois, qui vit avec une retraite de misère et qui arrive même à se rendre utile aux autres. C'est à lui qu'il faudra un jour ériger des monuments équestres. Donc un Italien du XXIe siècle peut être utile à plusieurs choses et je tiens à en rappeler surtout une. Il peut et il doit être utile à…

… à préserver un immense patrimoine culturel

Dieu est-il juste ? Je veux bien espérer que la réponse à cette question soit affirmative. Il a malgré tout distribué une seule chose de manière absolument égale à tous les peuples : la stupidité. À un détail près, les peuples de la terre ne l'expriment pas tous ensemble, de la même façon et avec le même enthousiasme. Quant au reste, Dieu a donné à l'Arabie saoudite une mer de pétrole, à l'Afrique du Sud de l'or et des diamants et à l'Italie… son incroyable patrimoine culturel. Unique au monde. Gigantesque. Malheureusement, Saoudiens, Sud-Africains et Italiens font parfois un très mauvais usage des biens dont ils sont dépositaires. Et si je dois penser à une action utile des Italiens pour les Terriens d'aujourd'hui et de demain, mon premier réflexe serait celui-ci : ils servent à préserver l'immense patrimoine culturel et naturel de la péninsule. C'est presque leur devoir moral. Sont-ils à la hauteur de ce défi historique ? Ça se discute.

L'exemple le plus impressionnant reste celui des villes « mortes-vivantes » de Pompéi et de Herculanum, dans la région de Naples, tout près de ce volcan si pittoresque qu'est le Vésuve. Pittoresque et parfois terriblement actif. Un jour j'ai interviewé le volcanologue Haroun Tazieff, qui m'a dit : « Les Italiens ont construit partout près du Vésuve et même sur le Vésuve, comme si ce volcan n'était pas actif ; je n'ose pas penser ce qui va se passer s'il rentre de nouveau en éruption. » Il y a vingt siècles, les habitants de ces lieux avaient déjà l'habitude de construire un peu partout et ils n'existaient même pas des Haroun Tazieff pour les mettre en garde. C'est ainsi que l'éruption de l'année 79 après la naissance de Jésus Christ a engendré en même temps une catastrophe et une merveille. Des milliers et des milliers de personnes, tuées par l'éruption, ont été figées à tout jamais dans l'attitude qu'elles avaient à ce moment précis. Des femmes, des hommes, des enfants, des vieillards sont devenus des statues, représentant de façon parfaite (et pour cause !) ces mêmes êtres humains. Si Pompéi et Herculanum avaient été en France, la République se serait engagée pour en faire la destination touristique culturellement la plus importante de l'Univers. En Amérique, on aurait facilité le tourisme en réalisant juste à côté un volcanique parc Disneyland. Les Allemands auraient déjà nettoyé et classé même la plus petite des pierres de ces lieux. Les Italiens, eux, essaient de gagner du temps et de limiter les dégâts des intempéries. Ils espèrent pouvoir disposer un jour de l'argent nécessaire à d'autres activités et à d'autres initiatives, tandis que les journaux parlent des détériorations des immeubles de ces anciennes villes romaines, et que plusieurs archéologues italiens (très qualifiés) vont rechercher un travail ailleurs et que le British Museum de Londres obtient (en 2013) un succès mondial grâce à l'exposition *Life and Death : Pompeii and Herculaneum* (*Vie et mort : Pompéi et Herculanum*).

Autre exemple. Le 12 novembre 2013, l'adjoint du président régional en charge des affaires culturelles dans les Abruzzes est arrêté sur ordre de la magistrature. Ils auraient demandé de l'argent en échange du soutien de la collectivité publique à des manifestations culturelles. Intérêts privés en échange d'argent public. Pots-de-vin pour le financement d'un concours de musique et même des célébrations pour le 150e anniversaire de la naissance du plus célèbre citoyen de cette région italienne : l'écrivain et poète Gabriele D'Annunzio (Pescara, 1863 – Gardone Riviera, Lombardie, 1938), considéré comme le principal représentant du courant littéraire du « décadentisme italien ». Le poète est devenu (malgré lui) le principal représentant d'une nouvelle forme de décadence.

Encore un exemple. Le 16 août 1972, un jeune passionné de plongée sous-marine découvre des vestiges archéologiques immergés à une dizaine de mètres sous le niveau de la mer et à 300 mètres de la rive de la localité de Riace, en Calabre. L'eau de la mer Ionienne offre à l'Italie, qui déborde déjà d'œuvres d'art, un énième cadeau fabuleux : deux statues d'une beauté impressionnante et d'un intérêt culturel inestimable. Il s'agit de l'un des rares témoignages de l'art hellénistique du ve siècle avant J.-C. Ces splendides statues en bronze représentent deux hommes au physique parfait et d'une dimension légèrement supérieure à celle de personnes normales : entre 1 m 98 et 2 m 05. Les ancêtres grecs de Stallone et Schwarzenegger. On ne connaît pas leur histoire, mais on ne peut qu'être ravi par leur beauté. Ils étaient probablement des héros de guerre, et pourraient aujourd'hui gouverner la Californie. Envoyés dans un laboratoire spécialisé de Florence pour être restaurés, les deux chefs-d'œuvre – surnommés « les bronzes de Riace » ou « les guerriers de Riace » – sont exposés au public dans la capitale toscane.

Touristes et amoureux de l'art viennent du monde entier pour admirer le trésor sauvé des eaux. Mais les habitants de la Calabre protestent : les statues doivent être exposées dans la région où elles ont été retrouvées. Personne ne s'y oppose. Les « bronzes » disent adieu à Florence et arrivent à Reggio

Calabria, où ils sont exposés pendant presque trente ans au Museo Nazionale della Magna Graecia (Musée national de la Magna Graecia) et y sont peu à peu oubliés. Le nombre de visiteurs donne froid dans le dos : 61 805 en 2007, 50 085 en 2008, 36 136 en 2009. Très peu par rapport à l'extraordinaire foule de l'exposition florentine. En 2009, on décide de réaliser un nouveau musée pour les « *bronzi di Riace* », mais le temps passe, les engagements (ouverture initialement prévue fin 2010) ne sont pas tenus, les retards s'accumulent, les dépenses explosent (de trois à quatre fois le devis original de dix millions d'euros). En 2014, les deux guerriers ont bel et bien perdu leur bataille contre l'inertie de l'administration publique calabraise ; pendant des années, ils ont été allongés sur le dos, leurs virils attributs tristement dirigés vers le plafond, dans deux caisses ouvertes à Palazzo Campanella, siège du conseil régional de la Calabre. « Interviewés » par CNN, les guerriers expriment une certaine nostalgie pour le temps passé au fond de la mer, quand les visites des poissons étaient plus fréquentes que celles des touristes à l'heure actuelle. La presse italienne a protesté. Le gouvernement dit que Rome fera tout le nécessaire pour éviter que les deux immigrés ne deviennent les premiers SDF de l'histoire de l'art. Nous verrons bien si l'État italien et la Calabre tiendront parole. Sinon, on pourra toujours demander au bon Dieu que la prochaine grande découverte archéologique soit réalisée sur une autre terre ou dans une autre mer.

La péninsule italienne est une alchimie magique d'art, d'histoire et de nature. Et tout Italien qui ne comprend pas cela n'a absolument rien compris à son propre pays. Qui plus est, le manque de respect pour l'art et la nature est purement suicidaire du point de vue des Italiens. Dans une région comme la Calabre où le chômage des jeunes dépasse largement les 50 %, comment peut-on ignorer que les ressources naturelles et artistiques sont le « pétrole » local ? Un pétrole capable sans doute de relancer l'économie. Si on ne prend pas ça au sérieux, on se tire tout simplement une balle dans le pied.

Les signaux inquiétants sur le terrain de la conservation du patrimoine artistique italien sont tellement nombreux que l'on pourrait écrire une encyclopédie sur ce sujet. J'étais en train de relire ces lignes quand le JT de la RAI m'a informé d'une très intéressante découverte archéologique en Italie centrale : une nécropole étrusque contenant des objets d'une grande valeur artistique et financière. Un « détail » : qui a effectué la découverte archéologique ? Les délinquants qui ouvrent les tombes étrusques pour exporter clandestinement les objets d'art sur les marchés mondiaux. Pour une fois les militaires de la « Guardia di finanza » ont heureusement empêché cet ignoble business mais nombreux sont les objets d'art qui passent au travers des mailles du filet. Et pour combien de temps encore les hors-la-loi seront paradoxalement les seuls (ou presque) à faire des recherches archéologiques ?

En mars 2011, à l'occasion d'un concert à Rome pour les 150 ans de l'unité nationale, le chef d'orchestre Riccardo Muti (Naples, 1941) a lancé un appel à l'engagement pour la défense de la culture et des arts. L'austérité est une chose, mais continuer à réduire les dépenses publiques dans le domaine de la culture serait, surtout pour l'Italie, un pur et simple suicide. Que dirait-on si les Saoudiens, pour faire des économies, arrêtaient d'exploiter leurs gisements de pétrole ? On dirait qu'ils sont devenus fous. Eh bien, les Italiens se comportent parfois comme des fous par rapport à leur patrimoine culturel, artistique et naturel. Pendant les prochaines décennies l'Italie et la France seront de plus en plus attrayantes pour les touristes du monde entier. La mondialisation est une réalité. Nous en payons le prix en termes de délocalisation et il n'y a aucun mal (bien au contraire) si nous pouvons, au moins partiellement, compenser cette perte par l'industrie touristique. La culture, l'art, le goût, la beauté, la table, la nature, le vin et les fromages sont des ressources économiques fondamentales pour notre avenir. Heureusement, en Italie, il existe aussi des exemples positifs. Au sud, la région des Pouilles a beaucoup fait pour améliorer la qualité de ses destinations touristiques. Au nord, la ville et la province de Turin, autrefois dominées par l'industrie automobile, ont su se restructurer et parier sur la rénovation des anciennes résidences royales (comme celle de Venaria reale) ainsi que sur des musées très intéressants, comme le Museo Egizio (l'un des plus beaux du monde pour les antiquités de la vallée du Nil) et le Museo del Risorgimento, consacré à l'histoire de la réunification nationale au XIXe siècle. Le Museo du Risorgimento est le « temple » de la naissance de l'Italie moderne. Bien des choses ont changé, mais bien des rêves de changement ne se sont pas réalisés. « *Abbiam fatto l'Europa, facciamo anche l'Italia !* » (« Nous avons fait l'Europe, faisons aussi l'Italie ! »), chantait Giorgio Gaber (Milan, 1939 – Milan, 2003). Ironie bien amère au sujet de l'unité nationale.

Avanti popolo !

Le philosophe libéral Benedetto Croce (Pescasseroli, Abruces, 1866 – Naples, 1952) aimait dire que « le caractère d'un peuple réside dans son histoire, toute son histoire, rien que son histoire » (« *Il carattere di un popolo sta nella sua storia, tutta la sua storia, nient'altro che la sua storia* »). L'État italien est « jeune » car l'unité nationale n'a été proclamée qu'en 1861, le 17 mars, à Turin, dans ce même Palais Carignano où siégeait le Parlement et où se trouve aujourd'hui le Musée du Risorgimento. Le peuple italien peut être considéré, selon les points de vue, jeune comme l'État ou très âgé, comme l'histoire des habitants de la péninsule. Lorsque l'on songe à l'Italie, on pense presque automatiquement à son histoire antique et à la fondation de Rome. C'est au mois d'avril 753 avant J.-C. que des frères jumeaux, Romulus et Rémus, décident de fonder une « ville nouvelle ». Problème : qui en sera le maire ? Qui aura le pouvoir ? Pour se départager, ils décident de consulter les augures : celui qui verra le plus d'oiseaux dans le ciel sera le gagnant. Les vrais électeurs deviennent les oiseaux. Mais il n'y a pas d'arbitre et les calculs sont volatils. À la fin, Romulus tue son frère et crée, le 21 avril, la ville à laquelle il donne son nom : Rome. Tant qu'à faire, il choisit le fauteuil de roi. Après lui, on aura six autres rois, jusqu'en 509 avant J.-C. Suivront cinq siècles de République (jusqu'à l'an 27 avant J.-C.) et presque cinq siècles d'empire, qui contribueront de façon importante à la formation des réalités politiques européennes (comme dans le cas de l'expérience gallo-romaine, qui – malgré les bandes dessinées – comptera bien plus que la « Gaule Transalpine » de Vercingétorix dans la formation de la future réalité française). Le 20 septembre 1870, l'armée italienne enlève Rome au pape Pie IX, en profitant du fait que son protecteur Napoléon III a perdu une autre guerre et le pouvoir (contre les Prussiens). En 1871, la ville est proclamée capitale d'Italie et depuis 1929 elle est divisée en deux États : Italie et Vatican. Les papes ont retrouvé un État.

L'immense patrimoine archéologique romain témoigne de 2 800 ans d'histoire. En ce XXIe siècle de l'ère chrétienne, on peut parfois détester Rome (surtout lorsqu'on utilise ses transports publics) mais aussi l'adorer. Une chose est sûre, on ne peut pas l'ignorer. Je pense surtout qu'il est bien difficile de ne pas succomber à son charme. La « ville éternelle » vit et se réjouit de ses atmosphères, parfois sensationnelles, qui arrivent à séduire même un Piémontais. Encore faut-il savoir les comprendre, chose que William Wyler a su faire à merveille dans *Vacances romaines* (1953), avec Audrey Hepburn et Gregory Peck ; que Federico Fellini (Rimini, 1920 – Rome, 1993) a su faire d'une autre façon dans son *Roma* (1972) ; que Paolo Sorrentino (Naples, 1970) a « peint » dans son film de 2013 *La grande bellezza* ; tandis que Woody Allen ratait complètement ce pari dans *To Rome With Love* (2012). « *Nobody is perfect !* », comme dirait William Wyler.

Rome signifie histoire mais également politique. La grande et la petite. On pense à Fabius (dans le sens de Quintus Fabius Maximus) et à sa lutte contre un envahisseur nommé Hannibal (Carthage 247 av. J.-C. – Bursa, Anatolie, 183 av. J.-C.). On pense à Cicéron et à son discours au Sénat contre Catilina, le membre de cette assemblée parlementaire qui en l'an 63 avant J.-C. tenta un coup de force « gauchiste ». On pense aux sages enseignements que Sénèque donnait à son élève Néron, l'adolescent qui à l'âge de seize ans (en 54 après J.-C.) doit arrêter le sport parce qu'on lui impose de travailler comme empereur, suite aux magouilles de sa mère (qu'il fera évidemment assassiner). On pense à tout cela en allumant la télé qui nous propose le Parlement actuel, où Umberto Bossi, grotesque caricature de la Gaule cisalpine (surnommé en milanais « *el senatur* », le sénateur), parle avec mépris de celle qu'il appelle « Rome la voleuse » (« *Roma ladrona* »). Comme si tous les problèmes de l'Italie moderne venaient des eaux du Tibre. Quelle nostalgie de Fabius (le Romain) et d'Hannibal, de Cicéron et de Catilina, de Sénèque et même des crises d'adolescence de Néron, qui ont d'ailleurs créé beaucoup d'emplois parmi les sapeurs-pompiers.

Les Italiens adorent se disputer entre eux. C'est parfois comique, parfois tragique. L'unification nationale ne s'est faite qu'au prix d'une guerre civile. Car lorsque la « Spedizione dei Mille » de Garibaldi se lance à la conquête du Sud de la péninsule en 1860, une autre guerre commence. Une guerre inavouée : Église, propriétaires fonciers et paysans du sud de la Botte s'engagent à fond – par tous les moyens – contre la nouvelle armée nationale italienne, composée surtout par des militaires du Nord. Une guerre civile qui ne dit pas son nom. Les gouvernements italiens l'appellent « guerre contre le brigandage ». Les atrocités sont fréquentes, des deux côtés. Les paysans méridionaux appellent « Piémontais » les membres de l'armée officielle. Ils ne reconnaissent pas l'unité nationale : les Piémontais sont des ennemis, pas des frères. Encore aujourd'hui, en Calabre, on appelle « Piémontais » (Piemuntisi, en dialecte local) une personne qu'on considère particulièrement méchante. Dans les écoles italiennes, on n'a jamais enseigné que la « guerre contre le brigandage » (de 1860 à 1871) a tué bien plus d'Italiens que l'ensemble des guerres du Risorgimento (le mouvement pour l'unification nationale, entre 1815 et 1870).

Pendant la Guerre de Sécession américaine (1861-1865), il y a eu des volontaires italiens issus à la fois du côté des nordistes et des sudistes : les premiers étaient des garibaldiens et les seconds des ex-militaires de l'armée napolitaine, écrasée par Garibaldi en 1860. La Guerre de Sécession américaine a donc été aussi une guerre civile italienne. De même, dans des dimensions tragiquement plus évidentes, pour la guerre civile espagnole (1936-1939). Les jeunes arrivés de la péninsule combattaient à la fois pour la République (3 397 volontaires, dont 1 301 communistes et 328 anarchistes) et pour Franco (44 000 hommes en 1937, envoyés par le régime de Mussolini). La participation de fascistes et antifascistes aux opérations militaires sur le sol ibérique est une anticipation dc cc qui arrivera ensuite. La période 1943-1945 a vu, dans l'Italie du Centre et du Nord, une guerre civile atroce entre la Résistance (qui a été particulièrement importante en Italie) et les membres de la « Repubblica sociale italiana », c'est-à-dire les derniers fascistes, réduits au rôle d'instrument de l'occupation allemande. Pour un partisan, il était pire de tomber entre les mains des unités spéciales fascistes qu'entre celles de l'armée allemande.

Dans son livre *Scorciatoie e raccontini*, sorti en 1946, le poète Umberto Saba (Trieste, 1883 – Gorizia, 1957 ; forcé de quitter son travail en 1938 à cause de ses origines juives) pose une question à laquelle il apporte la réponse : « Vous ne vous êtes jamais demandé pourquoi l'Italie, au cours de toute son histoire – de Rome à nos jours – n'a jamais connu de révolutions ? La réponse, qui explique bien des choses, est la synthèse même de l'histoire nationale. Les Italiens ne sont pas des parricides ; ils sont des fratricides » (« *Vi siete mai chiesti perché l'Italia non ha avuto, in tutta la sua storia – da Roma ad oggi – una sola vera rivoluzione ? La risposta – chiave che apre molte porte – è forse la storia d'Italia in poche righe. Gli italiani non sono parricidi ; sono fratricidi* »). Dans la série télé de la RAI « Fuori classe », Luciana Littizzetto (l'une des meilleures comédiennes italiennes nées dans les années 1960) interprète une professeur de lycée à haute sensibilité sociale. Elle pose à ses élèves la question de Saba et elle rajoute cette phrase, qui mérite d'être prise très au sérieux : « Plutôt que s'en prendre aux responsables de leurs problèmes, les Italiens préfèrent se fâcher entre eux » (« *Invece di prendersela con i responsabili dei loro problemi, gli italiani se la prendono con chi sta loro accanto* »). Voilà une clef non conventionnelle pour réfléchir à l'histoire nationale.

Les Italiens sont bel et bien les descendants des frères Romulus et Rémus (et également Caïn et Abel, mais dans ce dernier cas, ils ne sont pas les seuls). Ils sous-estiment régulièrement les conséquences de leurs disputes « à couteaux tirés » et ils doivent ensuite réaliser des efforts titanesques pour se ressaisir quand ils sont à deux centimètres du précipice. Parfois les Italiens arrivent même à demander de l'aide étrangère pour s'éliminer entre eux. Revenons aux « guerres d'Italie », qui ont vu (entre les XVe et XVIe siècles) Français et Espagnols se battre sur le sol de la péninsule. Le début de ces conflits a été favorisé par la haine réciproque entre les villes italiennes, ainsi qu'entre Italiens d'une même ville, voire d'une même famille. Ludovico Sforza, dit Ludovico il Moro (Vigevano, Lombardie, 1452 – Loches, 1508), a des problèmes au sein de sa famille pour affirmer son pouvoir sur le duché de Milan. Pour s'imposer à d'autres Italiens (et à d'autres Milanais), il favorise l'arrivée dans la péninsule du roi de France Charles VIII, qui rêve de devenir aussi roi de Naples, et il sollicite sa protection. Le roi français doit traverser la péninsule du nord au sud. Il arrive sur le sol italien en 1494 avec une puissante armée, composée pour un quart de mercenaires suisses, rémunérés tellement chers que les caisses royales en seront déstabilisées pendant des années. Charles VIII prend parti dans les conflits entre Italiens. Ludovico Sforza n'est pas le seul à en profiter. À leur tour, les Florentins se disputent entre eux. La mort de Laurent le Magnifique (1492) a ouvert le chemin du pouvoir à son fils Piero de Médicis, qui a une très mauvaise presse. Florence le chasse en 1494 et proclame la République, destinée à durer jusqu'au retour des Médicis en 1512. Piero se réfugie auprès de Charles VIII. Une fois arrivé au Vésuve, le roi français doit faire face à une coalition organisée contre lui pour lui barrer la route du retour. Son ex-ami Ludovico il Moro, se range cette fois du côté de ses adversaires (et, pour financer la guerre, il confisque une partie du trésor de la cathédrale de Milan). Charles VIII est devenu roi de Naples, mais il ne peut pas le rester. Sous la protection et la responsabilité du pape d'origine espagnole Alexandre VI Borgia, la ligue contre lui regroupe Venise, les Gonzague de Mantoue, les Autrichiens, les Espagnols et les Sforza de Milan. Charles VIII rentre en France, mais il a bien compris la contradiction italienne : d'un côté la richesse des villes de la Botte et de l'autre la faiblesse d'une terre déchirée par des luttes âpres et interminables.

La grande force des Italiens du Moyen Âge et de la Renaissance s'est transformée en problème. Cette force est l'existence dans la péninsule de villes beaucoup plus nombreuses et développées que dans le reste du monde occidental. Très touché par son voyage, Charles VIII considère les villes italiennes comme « un paradis » (à cause de leur beauté, certainement pas à cause de leur stabilité politique). Sur les onze villes de plus de 50 000 habitants, qui existaient en Europe au moment de son voyage, huit sont dans la péninsule (en ordre croissant : Palerme, Bologne, Rome, Gênes, Florence, Milan, Venise et Naples, qui était la plus peuplée parmi les villes du continent). Un siècle plus tard, en l'an 1 600, il existe en Europe onze villes de plus de 70 000 habitants ; sept (toutes les précédentes sauf Bologne) sont dans la péninsule. L'Italie est le pays des communes libres, des quatre Républiques maritimes (Gênes, Venise, Pise et Amalfi) et des « *signorie* » (les Scaligeri à Vérone, les Sforza et les Visconti à Milan, les Estensi à Ferrare, les Gonzaga à Mantoue et naturellement les Médicis à Florence). Les chefs-d'œuvre symbolisant l'art avec un grand A – à commencer par la Joconde de Léonard, les fresques et les sculptures de Michel-Ange – sont les fils de cette Italie et de sa culture.

Au moment du voyage de Charles VIII (quand la péninsule commence à devenir le champ de bataille des grandes puissances européennes), les villes italiennes se disputent déjà depuis des siècles. Tout a commencé au Moyen Âge. Certaines villes, dominées par la faction politique des Gibelins, sont entrées dans la sphère politique de l'empereur du Saint-Empire romain germanique et d'autres, dominées par le parti des Guelfes, ont juré fidélité au pape en tant que seigneurs de ce monde (en plus de celui de l'au-delà). Ainsi depuis les XIIIe et XIVe siècles, les grandes villes de Toscane s'affrontent entre Gibelins et Guelfes. Arezzo, Grosseto, Pisa et Pistoia sont des villes Gibelines. Lucques est guelfe (sauf entre 1314 et 1328). Sienne, une des premières villes au monde à héberger une grande banque, est déchirée par ces luttes. Florence est la plus importante des villes guelfes (sauf pendant la période 1248-1250). Et même les Florentins trouvent le moyen de se déchirer entre eux, se disputant entre « guelfes blancs » et « guelfes noirs ». En l'absence d'élections, la solution aux controverses passe par les armes. Les conjurations sont fréquentes. Un pape les favorise. Il s'appelle

Boniface VIII (Anagni, Latium, 1230 – Rome, 1303) et il se fait de nombreux ennemis. Dante Alighieri (Florence, 1265 – Ravenne, 1321), père de la langue et de la littérature italienne, voit en Boniface un danger et même un ennemi personnel. Dante est un « guelfe blanc », c'est-à-dire un « papiste anti-papiste » (ça fait plusieurs siècles que la politique italienne se nourrit d'oxymores et de paradoxes !). Humilié à Rome, Dante prend une revanche terrible : dans sa *Divine Comédie*, il met le pape (encore vivant) en enfer. Et il fait pire, il met également en enfer le pape Célestin V (élu mais démissionnaire), prédécesseur de Boniface, qui lui avait laissé le champ libre par sa décision de renoncer au pouvoir (peut-être que Benoît XVI a eu, avant de quitter son mandat pontifical en 2013, des garanties précises au sujet de son avenir dans la vie éternelle ; d'ailleurs, vu l'attitude de soumission de presque tous les médias italiens au Vatican, il n'y a pas de risque qu'un nouveau Dante puisse critiquer un pape).

Donc, pendant des siècles, la richesse et la culture des villes italiennes ont plus favorisé la guerre que la paix entre elles. Bien triste constat. La morale de cette histoire est exprimée en vers par le poète national Dante Alighieri qui, dégoûté par la politique de son époque (que dirait-il aujourd'hui ?), écrit dans sa *Divine Comédie* (Purgatoire, chant VI ; 76-78) ces mots terribles :

Ahi serva Italia, di dolore ostello,
nave sanza nocchiero in gran tempesta,
non donna di provincie,
ma bordello !

(Dans la traduction de Jacqueline Risset : « Hélas ! serve Italie, auberge de douleur,/nef sans nocher dans la tempête,/non reine de provinces, mais bordel »).

En 1818, un autre grand poète italien, Giacomo Leopardi (Recanati, Marches, 1798 – Naples, 1837) lance son cri de douleur par des mots autant tragiques, adressés à une Italie encore divisée et déchirée : « *Come cadesti o quando/da tanta altezza in così basso loco ?* » (« Quand et comment tu es tombée de si haut à si bas ? »).

Malgré le pessimisme de Leopardi, l'Italie se réunifie en 1861, récupère Venise en 1866 et, comme on a vu, arrive à soustraire en 1870 Rome à la domination des papes. Après de tels succès, elle se lance dans l'aventure coloniale. Elle rêve de devenir une puissance « comme les autres », mais elle connaît des désastres en s'engageant en Afrique dans des guerres coûteuses, sanglantes et difficiles à gagner. Surtout injustes, comme toutes les guerres coloniales. Plutôt que rêver d'Afrique, l'Italie aurait beaucoup mieux fait de s'occuper de ses propres problèmes intérieurs. Énormes problèmes économiques et sociaux d'un pays composé par une large majorité d'analphabètes. Mais plutôt que de réfléchir sur elle-même, la nouvelle Italie réunifiée veut copier la France et la Grande-Bretagne ; sans en avoir les moyens. Elle pense occuper la Tunisie, où les Italiens sont déjà nombreux. Paris précède Rome dans la course vers le pays africain, qui devient son protectorat en 1881. Le chancelier prussien Bismarck, en fin stratège, pousse les Français et les Italiens à s'affronter au sujet de la Tunisie. Il a tout compris. À la fin, c'est lui le gagnant. Humiliée par la France en Tunisie, l'Italie se venge en signant avec Berlin et Vienne la « Triple Alliance », c'est-à-dire un traité opposé à la politique européenne et coloniale de Paris et de Londres. Juste avant la Première Guerre mondiale, l'Italie change à nouveau de camp, en prenant ses distances avec les empires centraux.

Ce complexe du royaume d'Italie (l'envie d'être « comme les autres », comme les « grandes puissances », comme les « riches ») a favorisé la mère de toutes les catastrophes : l'entrée dans la Première Guerre mondiale. Pendant la première période du conflit, jusqu'en mai 1915, l'Italie a été neutre. La poursuite de cette politique aurait pu lui permettre de retrouver pacifiquement la souveraineté sur une bonne partie des territoires italiens encore contrôlés par l'Autriche, prête à récompenser Rome pour sa neutralité. Mais la monarchie, les nationalistes et la grande industrie militaire poussaient pour l'intervention dans le conflit à côté de la France et de l'Angleterre. Pour la démocratie italienne, les chocs de la guerre et des violences politiques successives ont été terribles. Mortels. D'autres formes de violence ont empêché l'Italie de se ressaisir : d'un côté le rêve révolutionnaire à la soviétique et de l'autre la perspective de la dictature fasciste. Après s'être battus contre l'empire autrichien, les Italiens n'ont rien trouvé de mieux à faire que de se battre entre eux. La faiblesse de l'État et la lâcheté du roi Victor Emmanuel III ont fait le reste pour précipiter le pays dans les bras de Mussolini. La Première Guerre mondiale (dans laquelle l'Italie est rentrée le 24 mai 1915) a coûté au pays 700 000 morts et des millions de blessés. Pire encore, elle a été la boîte de Pandore pour l'Italie du XXe siècle. Le fascisme, les nouvelles guerres coloniales en Afrique, l'alliance avec Hitler, les lois raciales d'octobre 1938 et la participation italienne à la Seconde Guerre mondiale (à partir du 10 juin 1940, quand l'Italie fasciste lance son agression contre une France déjà à terre) se sont ensuite enchaînés comme dans une spirale tragique. Infernale. Une course vers une nouvelle catastrophe.

C'est quoi l'Italie ? Jusqu'à l'unité nationale, l'actuel territoire italien était divisé en plusieurs États, influencés par les différentes capitales européennes ; Vienne en premier lieu. À l'époque où il mettait en scène son Congrès, à Vienne, le comte Metternich (Coblence, 1773 – Vienne, 1859) disait que l'Italie n'était rien d'autre qu'une « expression géographique ». On pourrait s'interroger aussi au sujet de la langue. Il y a encore un siècle circulaient des dictionnaires « Génois-Italien », « Vénitien-Italien » ou « Sicilien-Italien ». Jusqu'aux années 1970, l'Italie populaire parlait (ou comprenait aisément) les dialectes locaux. Certaines chansons mettaient en musique les réalités quotidiennes, comme celle (très célèbre dans les années 1970) du jeune ouvrier qui raconte son histoire, en milanais, en disant : « *Me ciami Brambila e fu l'uperari, lauri la ghisa per pochi denari* » (« Je m'appelle Brambilla et je suis ouvrier, je travaille à l'aciérie pour bien peu d'argent »). Et il ajoutait être content comme cela. Le jeune Brambilla (nom qui en milanais ne se prononce qu'avec un seul « l ») avait un travail et un dialecte. Aujourd'hui ses enfants n'ont ni l'un ni l'autre. Ils s'expriment dans un nouveau dialecte : le langage de la télé.

Le défi éternel des Italiens est de mettre en valeur leur dimension « plurale », en évitant qu'elle ne devienne une cause de frictions et de problèmes. Et pour rester dans le domaine de l'expression écrite et orale, prenons l'exemple des langues parlées dans les différentes parties de la péninsule : elles sont aujourd'hui méprisées pour leur héritage en termes d'accent alors qu'elles ont, dans leurs chromosomes, des siècles d'histoire et de littérature parfois extraordinaires. Dois-je rappeler que l'un des plus grands auteurs de théâtre de tous les temps – Carlo Goldoni (Venise, 1707 – Paris, 1793) – écrivait en Vénitien ? Pour désigner la langue française, on dit parfois « la langue de Molière », en faisant allusion au « collègue » français de Goldoni. Or, pour désigner l'italien, on ne peut pas dire « la langue de Goldoni » car on ferait allusion à la langue de Venise et pas à celle de l'Italie actuelle, dérivée de la langue parlée à partir du Moyen Âge en Italie centrale et surtout en Toscane. Chaque partie de la « mosaïque italienne » a ses poètes et ses artistes, ses héros et ses chanteurs, ses masques de la « commedia dell'arte » et naturellement ses saints protecteurs. Travailler (« *lavorare* » en italien) se dit « *laurà* » en Lombardie (« *lauri la ghisa per pochi denari* ») et « *travagghiari* » en Sicile. Chômage se dit partout de la même façon : disoccupazione. Chaise (« *sedia* » en italien) se dit « *cadrega* » à Milan et « *carèga* » à Venise. Le masque d'Arlequin c'est Venise. Polichinelle c'est Naples.

Si, dans le métro parisien, je demande le nom et la date sur le calendrier, de la sainte protectrice de la capitale française, j'ai de bonnes chances de finir entre les bras accueillants des psychiatres de Sainte-Anne (même si la protectrice en question n'est pas sainte Anne, mais sainte Geneviève, la petite Française qui a remis à sa place Attila, roi des Huns, et qui aujourd'hui ne tremblerait pas face à Angela, chancelière des Allemands). Jusqu'au fond de la Papouasie tout le monde sait que Venise rime avec saint Marc. À Milan, personne ne peut ignorer « Sant'Ambreus », saint Ambroise, et sa fête le 7 décembre, quand le Théâtre la Scala inaugure sa saison musicale. À Rome, tout le monde – y compris la communauté juive du vieux ghetto, qui est en réalité la plus ancienne de la ville éternelle – sait que la fête des saints protecteurs Pierre et Paul est le 29 juin. À Naples, même l'imam nourrit un profond respect pour San Gennaro, saint Janvier, dont le sang se liquéfie trois fois par an (le très célèbre « miracle de San Gennaro »). Pour le protéger, la ville a édifié au XVIIe siècle un magnifique rideau métallique, où sont gravés les mots qui remercient le saint d'avoir sauvé Naples « de la famine, de la guerre, de la peste et du feu du Vésuve » (« *Divo Ianuario e fame bello peste ac Vesaevi igne miri ope sanguinis erepta Neapolis civi Patroni. Vindici* »). Heureusement, il y a encore de l'espace : un jour, on pourra rajouter le remerciement au saint pour avoir sauvé la ville de la Camorra, l'organisation mafieuse locale.

L'Italie est une mosaïque ou, si vous préférez, une composition musicale. Ses œuvres peuvent être des créations merveilleuses ou d'affreuses cacophonies. Le pays est toujours debout. C'est déjà un résultat. Donc la « symphonie italienne » a réussi. Mais elle est terriblement loin d'être parfaite. La mosaïque de l'unité italienne est une contradiction permanente. L'Italie est une contradiction vivante. Espoir et amertume, beauté et vulgarité, splendeur et décadence y cohabitent de façon presque normale. Un phénomène qui existe aussi ailleurs, bien sûr, mais dans cette Italie du début du XXIe siècle, ce phénomène est encore plus évident. Plus criant. Plus… contradictoire. On peut comprendre les Italiens quand ils allument des cierges à leurs saints (chacun le sien !) pour que la réunification de l'Europe soit plus juste et plus équilibrée que celle de l'unification italienne. Cette dernière a laissé une addition très lourde en termes de crédibilité et de dignité de l'État, de corruption et de déséquilibres régionaux. Maintenant il faut payer les pots cassés, faire des réformes, qui sont d'autant plus difficiles à réaliser qu'elles ont été trop souvent reportées aux calendes grecques (et l'exemple grec n'est vraiment pas séduisant !).

Les Italiens doivent apprendre à davantage respecter leur État qui doit faire beaucoup plus pour se rendre respectable. En réalité, les pauvres ont cru à l'État italien bien plus que les riches, bien plus que les intellectuels et bien plus que les politiques. Avant la période fasciste (1922-1945), certains révolutionnaires ont même réussi à voir quelque chose de bon dans la lutte anti-État des bandes d'extrême droite. Ils pensaient que cela ouvrirait le chemin de la révolution bolchevique. Plus l'État est faible et plus la révolution est proche. Une absurdité payée à prix fort. À la place de la révolution, ils ont trouvé la dictature fasciste. Le totalitarisme d'extrême droite. Les fascistes ont humilié l'État des vieux notables, qui, certes, avait mille défauts ; mais la suite a été pire.

« Je tiens à vous donner un conseil : quittez l'Italie ! », dit le professeur universitaire de médecine à l'un de ses élèves préférés dans le film *Nos meilleures années*, (*La meglio gioventù*, 2003) du réalisateur Marco Tullio Giordana (Milan, 1950). On est dans une Italie en plein développement. Dans l'Italie de l'avant Mai 1968, de l'avant terrorisme, de l'avant Craxi, de l'avant Berlusconi, de l'avant crise de 2008 et de l'avant je ne sais pas combien de difficultés à l'avenir. Cet intellectuel, ce personnage hautement respectable (un grand ponte de l'Université et donc un représentant très qualifié de l'État) dit aux jeunes les plus prometteurs : « Partez ! Laissez l'Italie ! Allez étudier à Londres, à Paris, en Amérique, mais laissez ce pays. L'Italie est un pays à détruire. Un lieu beau et inutile ! ». Un demi-siècle plus tard, d'autres intellectuels de la péninsule verront dans l'Italie un pays condamné par sa prétendue incapacité à réagir.

Ces manifestations répétées (la liste est très longue) de défiance des élites dans les capacités de la société italienne ne sont que la partie émergée d'un iceberg bien plus imposant et dangereux : la méfiance des Italiens vis-à-vis d'eux-mêmes. Il y a comme un complexe absurde (et pourtant bien réel) de crainte d'être toujours les derniers de la classe Europe. On peut seulement espérer que, dans la nouvelle Europe unie, les Italiens arriveront à dépasser définitivement leurs vieux complexes. Peut-être décideront-ils, un jour, d'ériger un monument à leur absurde subconscient de méfiance. Il serait opportun de le réaliser à Custoza, le village de la Vénétie où ce complexe a atteint sa limite extrême, en révélant un cocktail incroyable d'inefficacité, d'incompétence et d'arrogance de la part de l'élite nationale (dans ce cas, de l'élite militaire). C'était pendant la guerre de 1866. D'un côté l'alliance italo-prussienne, de l'autre l'empire autrichien. Custoza a été la seule grande bataille terrestre italo-autrichienne. Les forces italiennes, beaucoup plus nombreuses, avaient pratiquement gagné la bataille ; mais comme elles croyaient tellement peu à la victoire, à la fin des combats, elles se sont comportées en vaincues et elles ont préféré s'occuper de la défense plutôt que de continuer les attaques. La guerre contre l'Autriche de 1866 sera gagnée grâce aux Prussiens, comme la guerre de 1859 avait été gagnée grâce aux Français. Si les Italiens recherchent toujours une aide extérieure, c'est à cause de ce vieux déficit d'auto-confiance. C'est aussi une raison pour laquelle les Italiens sont et resteront pro-européens. Parce qu'ils préfèrent faire confiance aux autres, s'unir aux autres. Peut-être que – grâce à l'Europe – le peuple italien pourra un jour se ressaisir.

Avanti, popolo ! est le premier verset de *Bandiera Rossa* (*Drapeau rouge*), la chanson-symbole de la gauche italienne. Encore faut-il que le peuple soit bien conscient d'être... peuple. C'est le souhait fondamental du texte de l'hymne national de la République italienne, écrit par le poète Goffredo Mameli (Gênes, 1827 – Rome, 1849), mort en défendant avec Garibaldi la République romaine contre les forces militaires de la IIe République française, déterminée à restaurer le pouvoir absolu des papes sur Rome. L'*Hymne de Mameli* dit :

Noi siamo da secoli
calpesti, derisi
perché non siam popolo,
perché siam divisi.
Raccolgaci un'unica
bandiera, una speme ;
di fonderci insieme
già l'ora suonò.

Nous sommes depuis des siècles
piétinés, moqués
parce que nous ne sommes pas peuple,
parce que nous sommes divisés.
Rallions-nous à un seul
drapeau, à une espérance ;
aujourd'hui l'heure sonne
de nous unir tous ensemble.

Ce même souhait d'être (ou plutôt de devenir) vraiment « peuple » est contenu dans la phrase la plus célèbre du Risorgimento, prononcée par le député Massimo d'Azeglio (Turin, 1798 – Turin, 1866) en 1861 : « L'Italie est faite, il faut faire les Italiens ! »

Jusqu'au bord du gouffre

Les Italiens, y compris les observateurs les plus attentifs, sont parfois désemparés par leur pays et la vie politique. Le roman *Berlinguer e il Professore* (*Berlinguer et le Professeur,* écrit par un politologue très expérimenté et officiellement anonyme, qui est en réalité le journaliste Gianfranco Piazzesi), grand succès en littérature politique de l'année 1975, commence dans sa préface par les lignes suivantes : « Comme tous les Italiens, moi aussi je me suis souvent demandé comment tout cela allait finir. En ne cessant d'y penser, je me suis rendu compte que l'analyse politique ne suffit pas à trouver une solution logique à la crise dans laquelle nous sommes plongés ; j'ai donc compris que la méthode la moins irrationnelle pour satisfaire ma curiosité consistait dans un effort pour laisser champ libre à l'imagination » (« *Anch'io, assieme a tutti gli italiani, mi sono spesso domandato come andrà a finire. Pensando e ripensando, mi sono accorto che con l'analisi politica non riuscivo a trovare nessuna logica soluzione alla crisi in cui siamo sprofondati, e che il metodo meno irrazionale per soddisfare la mia curiosità consisteva nel fantasticare* »). L'imagination au pouvoir, disait le vieux slogan de Mai 68. En Italie, le pouvoir est souvent le fruit de l'imagination. Chose qui le rend souvent imprévisible et parfois imaginaire.

Certaines expressions classiques du langage politique italien sont la preuve d'un degré imaginatif capable de dépasser même les lois de la géométrie. Qu'y a-t-il de plus absurde qu'une « convergence parallèle » ? Même un enfant sait que deux lignes parallèles ne peuvent pas, par définition, être convergentes. Sinon elles arrêtent d'être parallèles. Pourtant le leader de la Démocratie Chrétienne (DC) Aldo Moro (Maglie, Pouilles, 1916 – Rome, 1978 ; président du Conseil dans les périodes 1963-1968 et 1974-1976) a eu recours à cette bizarre expression pour rendre l'idée du dialogue en cours dans les années 1970 entre les deux principales formations politiques de la péninsule : la DC et le Parti communiste (PCI). Un dialogue sans aucune entente officielle. Une collaboration sans trop de collaboration. Moro pose en 1959, lors du congrès de la DC, le problème du dialogue avec la gauche en disant : « *diviene indispensabile progettare convergenze di lungo periodo con le sinistre, pur rifiutando il totalitarismo comunista* » (« il devient indispensable d'envisager des convergences de longues périodes avec la gauche, même en refusant le totalitarisme communiste »). Le concept des « convergences parallèles » est né comme cela, dans une Europe à l'ombre du mur de Berlin. Et tant pis pour la géométrie.

Le traditionnel déficit de crédibilité de l'État italien dépend surtout du niveau moral d'une bonne partie de ceux qui l'ont incarné depuis longtemps. C'est une évidence et presque une tradition nationale. Déjà avant l'unité de la péninsule, les Italiens avaient une sensation bien précise : parmi leurs gouvernements, nombreux sont ceux qui ont une morale souple, légère, inconsistante. Dans l'un des premiers numéros du quotidien *La Gazzetta del Popolo* de Turin, le 3 juillet 1849, on pouvait lire en première page : « Les ministres sont, vis-à-vis de la Chambre des députés, dans la même position que les chats envers les chiens. Ils tentent par tous les moyens, légaux et illégaux, de manger le lard, en se soustrayant aux contrôles». La faune politique n'a pas changé. Au XXIe siècle, un ministre de l'Industrie – Claudio Scajola, ex-DC devenu berlusconien – a dit ne pas savoir qui avait payé le prêt lié à l'achat de son luxueux appartement à Rome. Chaque fin de mois, il entrait à la banque avec son chéquier, mais on lui disait : «C'est déjà réglé, Monsieur le ministre!». Surpris, il repliait le carnet, il rentrait à sa maison près du Colisée et il se disait que le destin est parfois généreux, surtout avec les ministres de la République italienne. Eh, oui! Un anonyme bienfaiteur, qui par hasard était en affaires avec le gouvernement, avait réglé les échéances du prêt. Miracle!

L'histoire de l'Italie unifiée est une litanie de scandales. Un chemin de croix de mauvaises habitudes devenues presque des institutions. Le revers de la médaille de cette «légèreté à l'italienne» est la formidable capacité des Italiens de se ressaisir quand ils se trouvent au bord du gouffre. Pas avant. Juste quand ils se trouvent au beau milieu d'une situation dramatique et à la limite d'une spirale irréversible. On plaisante souvent dans la péninsule, mais au moment crucial on devient terriblement sérieux. C'est le cas de l'un des plus beaux personnages de l'histoire du cinéma italien : l'escroc qui dans les derniers instants de sa vie se transforme en héros, dans le film *Le général Della Rovere* de Roberto Rossellini (Rome, 1906 – Rome, 1977); fruit de l'imagination du journaliste Indro Montanelli (Fucecchio, Toscane, 1909 – Milan, 2001) et magistralement interprété par Vittorio De Sica (Sora, 1901 – Neuilly-sur-Seine, 1974). L'histoire du (faux) général Della Rovere est celle d'un individu, capturé par les nazis à Gênes durant la période 1944-1945. Surpris «les doigts dans la confiture», il sera libéré s'il arrive – en se faisant passer pour un chef de la Résistance – à obtenir les révélations d'un vrai partisan, lui aussi en détention. Il les obtient, mais il préfère mourir que de les transmettre aux Allemands. Dans le pays du transformisme, un escroc s'est métamorphosé en héros. Deux extrêmes dans la même peau. Voilà une figure typique de la contradiction italienne. La même idée, transférée à la Première Guerre mondiale, inspire le magnifique film *La Grande guerra* (*La Grande Guerre*) du réalisateur Mario Monicelli (Viareggio, Toscane, 1915 – Roma, 2010). Les personnages des deux « gros malins » sont interprétés par Vittorio Gassman (Gênes, 1922 – Rome, 2000) et Alberto Sordi (Rome, 1920 – Rome, 2003). Ces deux militaires arrivent toujours à sauver leur peau, mais à la fin le prix de la vie est la trahison. Ils refusent de le payer et sont fusillés. Extraordinaire ironie du destin, « Le général Della Rovere » et « La Grande Guerre » ont participé la même année – 1959 – à la compétition pour le Lion d'or au Festival de Venise. Verdict du jury : lion d'or *ex æquo*.

On dirait que le peuple italien est toujours le même : il doit être immergé dans la boue jusqu'au cou pour retrouver le chemin de l'ascenseur. Le symbole idéal de l'Italie reste la tour de Pise. Et ce n'est pas seulement parce qu'elle se situe sur la merveilleuse Place des Miracles de la ville toscane, l'un des plus beaux endroits qu'on puisse voir au monde (c'est, à mon avis, le plus bel ensemble architectural jamais réalisé par des bipèdes de race humaine). L'Italie éprouve parfois la désagréable sensation de tomber, comme la tour de Pise. En ce début de XXIe siècle cet « effet tour de Pise » est provoqué par une double crise : financière et morale.

La question de la dette publique est exemplaire. À partir des années 1970, les partis au pouvoir ont cherché à augmenter leur popularité en ouvrant les cordons de la bourse, favorisant ainsi la dette publique. L'Italie s'est endettée jusqu'au cou en dépensant de l'argent qu'elle n'avait pas. «*In povertà mia lieta, scialo da gran signore*» («Dans ma joyeuse pauvreté, je gaspille en grand seigneur»), chante Rodolfo dans *la Bohème* de Giacomo Puccini (Lucques, 1858 – Bruxelles, 1924). Il aurait pu faire un bon Premier ministre à Rome, mais il n'a pas su gérer sa douleur à la mort de sa douce Mimì.

«*In povertà mia lieta, scialo da gran signore*», c'est un peu la philosophie de la finance publique italienne depuis l'unité nationale. L'Italie a souvent (pas toujours) géré ses finances de façon «bohème». On s'amuse et, demain, on trouvera, d'une façon ou d'une autre, une solution pour régler l'addition. Quelqu'un sortira bien son chéquier. Étant donné que le Père Noël ne réside pas à Wall Street, ce «quelqu'un» en question ne peut qu'être le peuple italien.

En réalité les Italiens ont toujours payé, mais l'addition a longtemps été «masquée» par des manœuvres financières. Une vieille méthode qui porte le nom d'inflation. Pour être plus précis, il s'agit de la méthode inflation-dévaluation, utilisée largement entre l'unité nationale et le départ concret de l'unité monétaire européenne (1997). On tranquillise l'opinion publique en faisant marcher à la légère la planche à billets. Pendant les années 1970 et 1980, les différents gouvernements italiens ont essayé d'obtenir la paix sociale grâce à des mesures salariales et sociales théoriquement généreuses, mais dont la portée réelle a été réduite par l'inflation : on donnait 100, mais l'augmentation du coût de la vie faisait en sorte que ce 100 valait en réalité un 70 ou un 80. L'inflation donne l'impression au peuple de posséder l'argent qu'il n'a pas; la valeur réelle de la monnaie étant inférieure à ce qu'on croit. L'inflation peut être considérée comme l'impôt le plus sournois pour les couches les plus faibles de la société (celles qui n'ont pas les moyens de négocier l'augmentation de leurs revenus et surtout de leurs retraites). Les retraités sont souvent les premières victimes de l'inflation.

L'inflation favorise la dévaluation de la monnaie qui donne un important avantage en termes de compétitivité internationale parce que la main-d'œuvre du pays exportateur (à monnaie faible) devient sensiblement moins chère que celle du pays importateur (à monnaie forte). La logique « dépenses-inflation-dévaluation » peut donc avoir des conséquences favorables à court terme, mais à la longue elle peut devenir une drogue, destinée à mettre en crise une économie et un État tout entier, surtout si cet État n'arrête pas de s'endetter. Pour financer sa dette, un État choisit normalement d'émettre des bons du Trésor (très populaires en Italie, où ils sont appelés familièrement BOT, Buoni ordinari del Tesoro) et autres obligations publiques. Pour capter l'épargne privée, les BOT doivent proposer une rentabilité supérieure au taux d'inflation. Et seulement à cette condition, le dentiste de Vérone et l'épicier de Messine, la riche veuve de Voghera et le pharmacien romain, le tailleur milanais et le producteur napolitain de mozzarella de bufflonne (avec le consentement de la bufflonne) rachètent les obligations émises par l'État italien. Celui-ci est donc pris à son propre piège : en étant forcé à mieux récompenser les possesseurs des BOT, l'État voit l'inflation se transformer en boomerang. Cette fois c'est lui qui doit payer plus cher. Alors il a la tentation d'imprimer plus de monnaie. Ainsi le cycle inflation-dévaluation risque de se transformer en maladie chronique, en spirale sans fin (et infernale). Les conséquences de l'inflation sont une mine flottante parce que l'opinion publique s'aperçoit souvent de ce phénomène avec un certain retard. La première réaction est favorable parce qu'on reçoit plus d'argent dans l'enveloppe du salaire. Ensuite le citoyen comprend avoir été trompé parce que cet argent vaut beaucoup moins qu'avant. Une vieille blague italienne nous parle d'un certain Signor Rossi, qui se croit très malin et qui dit à un ami : « Pour moi l'augmentation du prix de l'essence ne signifie rien ; je mets toujours vingt euros de carburant dans le réservoir de ma voiture ! ». Pendant des décennies les Italiens ont bâti leur modèle économique sur une compétitivité droguée par les dévaluations de la monnaie. Cela a favorisé les exportations, mais a obligé l'Italie à « importer » de l'inflation. Les Italiens sont allés le plus loin possible avec cette méthode. Désormais c'est fini.

Heureusement, l'Europe est là. « Sans l'Union européenne nous plongerions dans le Moyen Âge ! », a dit devant le Parlement le président du Conseil Enrico Letta, le 13 décembre 2013. La spirale a été rompue par l'intégration communautaire, mais il a fallu des sacrifices bien réels et le peuple italien doit encore payer l'addition liée à cette époque de laxisme des années 1970 et 1980. Le vieux modèle « à l'italienne » s'est achevé avec la monnaie unique, fille du traité de Maastricht, négocié en décembre 1991 (par les chefs d'État et de gouvernement) et signé en février 1992. Maastricht décide de la naissance de la monnaie unique et établit les critères pour en faire partie. Deux en particulier : limitation du déficit budgétaire à 3 % du PIB (Produit intérieur brut) et de la dette publique à 60 % du PIB. Ces niveaux sont (en 1991) confortables pour la France et l'Allemagne, tandis qu'ils paraissent presque prohibitifs pour l'Italie. Pour entrer dans l'euro (même si leur dette publique a toujours été supérieure au niveau établi à Maastricht), les Italiens feront des sacrifices énormes et ils en feront davantage pour y rester. D'un extrême à l'autre : d'une légèreté financière exagérée à une thérapie de cheval de la super rigueur. À l'époque de Maastricht, la dette publique italienne était déjà gigantesque : 101 % du PIB. Le rapport dette-PIB est arrivé à 125 % en 1994 pour descendre ensuite à 104 % en

2007 et remonter pendant les années de la crise, jusqu'à 133 % en 2014. Il y a eu, certes, une augmentation mais pas de dérapage. La preuve : entre le moment de l'explosion de la crise mondiale, septembre 2008, et la fin du premier trimestre 2013, le montant de la dette publique italienne a augmenté de 23 %, c'est-à-dire moins que celle de la Belgique (31 %), de l'Allemagne (32 %), de la France (45 %), de la Hollande (56 %), du Portugal (75 %), de la Grande-Bretagne (101 %), de l'Espagne (130 %) et de l'Irlande (186 %). Le montant total de la dette publique italienne (autour des 2000 milliards d'euros) est un peu inférieur à celui de la dette publique allemande et un peu supérieur à celui de la dette publique française, mais les trois se situent dans le même ordre de grandeur (même si le rapport avec le PIB est sensiblement différent parce que le PIB de la France et surtout de l'Allemagne dépassent celui de l'Italie).

Et là, nous trouvons un nouveau paradoxe, qui est cette fois une bouffée d'oxygène pour l'économie nationale. Les Italiens sont à la fois un peuple de cigales et de fourmis. Ces deux âmes cohabitent au sein de la même famille, au sein de la même personne. Voilà que les Italiens rachètent massivement leur dette publique en plaçant leurs économies dans les BOT. La presse italienne a surnommé « BOT people » cette vague d'épargnants, parfois très énervés quand l'État a décidé de taxer les obligations publiques. « BOT people » fait évidemment penser aux « *boat people* », expression utilisée pour la première fois pour définir la vague de réfugiés vietnamiens qui remplissaient des bateaux de fortune dans l'espoir d'arriver dans d'autres pays de l'Asie du Sud-Est. Les deux tiers des obligations émises par l'État italien sont détenues par des Italiens (c'est beaucoup plus qu'en France et que dans d'autres pays européens). Voilà la relation très particulière entre les Italiens et leur État, qui est de même nature que celle entre les

Italiens et eux-mêmes : un mélange inextricable de méfiance et de désir. Un mélange de résignation et de détermination, de fatalisme et de volonté, d'amertume et d'optimisme. Il y a une sorte d'optimisme à l'italienne, fondé sur la certitude qu'il y aura toujours un lendemain, parce que la vie continue et – comme dit le proverbe – « *solo alla morte non c'è rimedio* » (« seule la mort n'a pas de remède »). « *A da passà 'a nuttata* » (« la nuit va se terminer » ou plutôt « laissons passer la nuit ») disait, en napolitain, le géant du théâtre italien Eduardo De Filippo (Naples, 1900 – Rome, 1984). Mais on aimerait bien rendre certaines nuits moins obscures. La famille et sa force contribuent à atténuer les effets de ces moments difficiles car elle réussit là où l'État se révèle incapable d'intervenir. Qu'il s'agisse de la santé, de l'aide à une personne âgée ou de la lutte contre le chômage. La famille est l'indispensable « amortisseur social », un Welfare State à l'italienne ; même si la famille italienne est à son tour en difficulté suite aux mesures prises depuis 1992 par les gouvernements successifs (de toutes couleurs politiques) pour le rééquilibrage des finances publiques. Les Italiens ont vu la pression fiscale augmenter de façon impressionnante. En 2014, elle atteint le record national de 44 % du PIB. Entre 1980 et 2014 son augmentation a été de 13 points de PIB. Gigantesque. De quoi tuer un cheval.

C'est en tenant compte de la force de la famille italienne que le philosophe Jean Guitton disait : « les Italiens se sont toujours tirés d'affaire et ils le feront une fois de plus ». Il me l'a dit alors que l'Italie traversait l'une des crises les plus difficiles qu'elle ait vécues depuis l'après-guerre. On était en 1993 et la péninsule était en pleine confusion suite aux enquêtes judiciaires – surnommées « Mani pulite » (« Mains propres ») – visant des personnalités du monde politique et économique, et qui concernaient en particulier la DC et le PSI. J'avais déjà interviewé Jean Guitton et je l'ai contacté par téléphone pour avoir son opinion au sujet de ce moment très particulier de la vie d'un pays qu'il connaissait très bien, ayant participé aux travaux du Concile Vatican II (1962-1965) et ayant été un grand ami du cardinal de Milan, Giovanni Battista Montini, devenu pape en 1963 sous le nom de Paul VI. « Il est évident qu'il y a une crise en Italie, mais il ne faut pas que la DC soit considérée comme le repaire de la corruption », m'a-t-il dit. Vingt ans plus tard, les Italiens (à commencer par les ex-communistes) avouent leur nostalgie pour la DC. Qui, à part Jean Guitton, aurait pu l'imaginer ? J'ai alors demandé à Jean Guitton s'il était optimiste au sujet de l'Italie et il m'a répondu : « Je suis optimiste parce que j'ai confiance en l'Italie. Les Italiens sont assez habiles, souples et avisés pour se rétablir ». Surtout, ils sont souples. Cette notion de souplesse italienne impressionnait mon interlocuteur, qui a fait une comparaison avec son pays en disant : « La France est très différente de l'Italie du point de vue politique. Les Français sont toujours excessifs ; les Italiens sont plus souples ». Et le voilà répétant cette phrase qu'évidemment il aimait prononcer et à laquelle il croyait dur comme fer : « les Italiens se sont toujours tirés d'affaire et le feront une fois de plus ». Mais pourquoi faut-il attendre la toute dernière minute de la toute dernière heure ?

À l'école primaire, les enfants italiens apprennent une petite chanson qu'ils gardent en mémoire toute leur vie. Essayez de la chanter avec moi, comme si on était tous dans la cour de l'école primaire de mon village pendant la récréation : « *Eeeevvviva la torre di Pisa, che pende, che pende, che mai non vien giù ! Eeeevvviva la torre di Pisa, che pende, che pende, che mai non vien giùùùùùùù !!!!* ». Eh oui : vive la tour de Pise, qui penche, qui penche et qui ne tombe jamais. Espérons. Le problème est que le monde entier connaît l'image d'un autre « monument » italien. Un autre « monument » incliné : le bateau de croisière Costa Concordia, naufragé en janvier 2012 dans les eaux de l'Île de Giglio, au large de la Toscane, suite à l'insupportable nonchalance d'un commandant qui prenait des risques insensés pour donner des émotions aux passagers. Le bateau Italie a déjà pris assez de risques. Ses passagers peuvent très bien se passer de nouvelles émotions. Les deux images de la tour de Pise et du Costa Concordia devraient être affichées dans tous les édifices publics de la République. Histoire de rappeler aux Italiens ce qu'ils sont et ce qu'ils risquent.

Une saison de plomb

Je suis un Italien. L'un des 63 millions de bipèdes susceptibles de se définir comme tels. Je suis né italien, point final. Je le suis et je suis content de l'être. Doublement content parce que, dans cette Europe sans frontières, nous pouvons tous être ouverts aux autres sans renier nos origines. Honnêtement, je me considère citoyen européen autant que citoyen italien. Cela serait très triste si on percevait une contradiction entre ces deux éléments. L'esprit européen stimule constamment la recherche d'horizons nouveaux, tandis que son contraire – l'envie de reconstruire les frontières et de parier sur un retour aux nationalismes – est uniquement capable de faire regretter un passé qui ne reviendra jamais. Avec l'ouverture d'esprit et l'imagination, on peut tout construire ; avec la nostalgie, on peut seulement pleurnicher. La nostalgie est une bien triste maladie de l'esprit.

L'ostéopathe, le boulanger, le bouquiniste et le cosmonaute (laissons de côté le cas particulier du banquier) sont utiles à la fois, à eux-mêmes et à la société dans son ensemble. L'Italien peut devenir utile aux autres Européens (surtout aux Français) comme objet de leurs enthousiasmes et de leurs angoisses. Comme instrument d'excitation ou comme souffre-douleur. L'Italie excite les passions des autres, qui malheureusement ont parfois tendance à émettre des jugements simplistes et un peu légers sur les situations, souvent bien compliquées, de la vie de la péninsule.

En septembre 1977, je suis venu résider presque un an à Paris (je logeais dans la Cité universitaire à la Maison Heinrich Heine) pour participer à un stage de journalisme au CFPJ de la rue du Louvre. Le stage s'appelait « Journalistes en Europe » et il était le fruit de l'initiative de deux grands personnages du journalisme français, tels qu'Hubert Beuve-Méry et Philippe Viannay. À ce moment-là, j'ai eu l'impression qu'un Italien servait surtout à répondre à des questions sur le terrorisme. Certains de mes interlocuteurs considéraient la violence politique et le terrorisme presque comme des péchés mignons. Parfois même, comme des choses admirables. Les Italiens vivaient une véritable tragédie (dont je vais parler dans les pages suivantes) et à Paris certaines personnes regardaient la péninsule comme on joue au « Petit révolutionnaire ». Le sang du voisin est toujours plus rouge. C'était, bien sûr, une minuscule minorité de l'opinion publique, mais j'ai eu la mauvaise chance de la croiser. Ces personnes se considéraient particulièrement cultivées et clairvoyantes. De vrais intellectuels. À ce moment-là, certaines riches familles italiennes (comme celle d'une future Première dame) partaient pour la France. Les enfants de certains grands entrepreneurs italiens se voyaient attribuer la nationalité helvétique. Dans le pays de Guillaume Tell, il y avait moins de risques pour eux et pour leur argent – sauf à décider de prendre une pomme pour un chapeau. Une partie des riches quittait Turin, Rome et Milan, où des magistrats, des journalistes, des agents de police, des syndicalistes et beaucoup de personnes lambda restaient à leur place, en faisant tout simplement leur travail et en défendant – parfois sans le savoir – notre démocratie.

Je me souviens des conversations avec Hubert Beuve-Méry, qui avait été le fondateur et le directeur « historique » du quotidien *Le Monde*. Un jour on a parlé de Mai 68 français et il l'a résumé par une phrase lapidaire : « Mai 68 a été un séisme ». Un séisme arrive, imprévu ; il laisse un choc et des destructions, mais ensuite on tourne la page. De ce point de vue, le Mai 68 italien a été différent parce que l'État (toujours cet État faible, toujours ces institutions trop fragiles et parfois, à cause de cette fragilité, trop brutales et autoritaires) n'a pas réussi à tourner la page, à gérer l'après-séisme, à se renouveler et à renouveler la société. Le 68 italien a eu plusieurs conséquences, bonnes et aussi mauvaises. La plus mauvaise de toutes a été une habitude et parfois une apologie de la violence dans la vie politique. Violence des manifestants « révolutionnaires » d'un côté ; violence de l'État, des services secrets (bien trop secrets) et des groupes néofascistes de l'autre. Les mouvements terroristes (comme les Brigades rouges) sont nés d'un rêve révolutionnaire basé sur le recours à la violence (et quelle violence !) pour bâtir une « nouvelle société ». Mais une violence en appelle une autre et la spirale des terrorismes est devenue une tempête capable de menacer la société dans son ensemble.

Au milieu de tout cela, on rencontrait des hommes et des femmes. De vraies personnes, incarnées, avec leurs problèmes et leurs choix à faire. Après avoir crié pendant des années des slogans révolutionnaires dans les rues de Milan et de Trente, de Turin et de Rome, de Bologne et de Naples il n'est pas simple de tourner la page. Dans le même groupe d'amis certains ont pris le chemin tragique de la clandestinité tandis que d'autres ont arrêté toute activité politique ou sont entrés dans un parti de la gauche parlementaire. Parfois, ceux qui avaient choisi la violence se manifestaient pour demander de l'aide. Leur répondre « non » n'était pas toujours simple. Mais le choix était clair : d'un côté la démocratie et de l'autre une violence de plus en plus atroce, irresponsable et criminelle. Les terroristes ne venaient pas d'une autre planète. Ils étaient des jeunes comme nous, prisonniers d'un choix délirant. L'histoire du Mai 68 italien est celle de ma génération, qui croyait pouvoir tout gagner après avoir affirmé son droit à la transgression. Mais entre transgression et révolution il y a une belle différence. Notre génération de baby-boomers, nés après la fin de la guerre, a rempli les universités à partir de la moitié des années 1960. Nous sommes passés de la paroisse de notre quartier à des grandes et parfois magnifiques universités, du catéchisme au livre rouge du président Mao Zedong, d'un horizon local à l'illusion d'avoir des camarades dans le monde entier. La seule révolution que nous avons réalisée est notre révolution sexuelle. C'est déjà quelque chose.

Le 68 italien a donc été un vrai bouleversement pour cette société italienne totalement dépassée par les événements. Certains de ses slogans étaient plus significatifs que d'autres. Un, en particulier, chanté sur tous les tons (à la trotskiste comme à la stalinienne) dans toutes les rues de la péninsule : «*Lo Stato borghese si abbatte, non si cambia !*». On doit abattre l'État bourgeois, pas le changer. C'était le point clé de la polémique de la jeunesse révolutionnaire contre les «révisionnistes» du PCI. Derrière ce slogan, il y avait une polémique bien plus profonde : celle sur la Résistance et sa conclusion. La Résistance italienne a eu une ampleur extraordinaire comparée à bien d'autres pays européens. Elle a amené le pays à la démocratie, à la République et à une charte constitutionnelle, à plusieurs titres, admirable. Mais, pour une partie des mouvements d'extrême gauche de cette période, tous ces progrès de la démocratie n'ont été que le premier des pièges du capitalisme. Il aurait fallu continuer la guerre après la guerre, en transformant la Résistance en Révolution pour faire de l'Italie un pays libre et heureux grâce au vrai communisme et à la « dictature du prolétariat ». Ça donne froid dans le dos !

Le 16 mars 1978, jour de l'enlèvement d'Aldo Moro, président de la DC, j'avais rendez-vous avec Giorgio Fanti, frère de l'ex-maire communiste de Bologne, Guido Fanti, et correspondant « historique » de la presse italienne à Paris. Il m'a appelé au CFPJ pour annuler notre déjeuner en me donnant cette nouvelle avec une voix bouleversée et bouleversante. Pour les terrorismes italiens cela a été le moment de non-retour : la violence politique du terrorisme ne pouvait plus cohabiter avec l'État démocratique. L'un des deux devait mourir. Certains se posaient bien des questions. Pourquoi défendre cet État ? Pourquoi parier sur les réformes plutôt que sur la révolution et sur l'adrénaline de son jeu au massacre ? Pourquoi s'obstiner à améliorer l'État quand on peut œuvrer à le détruire ? Détruire est bien plus amusant que réformer, améliorer, construire.

Parfois, il m'arrive de retrouver des copains de cette époque et il nous arrive de parler de ceux qui à Paris avaient envie de sabrer le champagne à la nouvelle de l'enlèvement d'Aldo Moro et du massacre des cinq membres de son escorte par les terroristes des Brigades rouges. Cet horrible 16 mars 1978. Moro, l'un des hommes les plus ouverts de la DC de l'époque, sera assassiné le 9 mai 1978 par les gentils révolutionnaires qui l'avaient enlevé et qui abandonneront son corps dans une voiture garée entre les QG de la DC et du PCI à Rome. Le message « Ceux qui veulent le compromis DC-PCI sont en danger de mort » n'aurait pas pu être plus clair. Ceux qui veulent réformer le capitalisme dans un sens plus démocratique et social sont les ennemis de la révolution. Pour les geôliers d'Aldo Moro, il est fondamental que l'État italien garde une image arriérée et méprisable. Ceux qui veulent l'améliorer doivent savoir qu'ils risquent gros.

Les Brigades rouges avaient déjà exprimé cette attitude le 16 novembre 1977 lors de l'attentat contre le journaliste Carlo Casalegno (Turin, 1916 – Turin, 1977), directeur adjoint du quotidien *La Stampa*. Les mots de leur communiqué de revendication donnent froid dans le dos : « Nous avons exécuté Carlo Casalegno, serviteur de l'État ». Servir l'État était-il une raison pour recevoir, comme Casalegno, quatre coups de revolver dans le visage. Oui, un Italien peut être utile à rappeler à certains intellectuels et politiques français et européens que faire l'apologie des terroristes (ou des ex-terroristes) est un jeu dangereux et pas très responsable. Bien sûr qu'il faut tourner certaines pages sanglantes. Bien sûr que la justice n'a rien à voir avec la vengeance. Mais Carlo Casalegno, Aldo Moro, l'ouvrier et syndicaliste communiste Guido Rossa (assassiné le 24 janvier 1979 à Gênes pour avoir créé des obstacles à l'implantation des Brigades rouges à l'intérieur du pôle sidérurgique de cette ville) et tant d'autres victimes du terrorisme criminel des « années de plomb » ne sont pas morts pour qu'on sacrifie les leçons de notre histoire au nom d'une certaine mentalité bobo, chic et méchante. Méchante envers les victimes du terrorisme ; certainement pas envers les ex-terroristes.

Beaucoup d'Italiens peuvent parler des tragédies provoquées, surtout pendant les années 1970, par les criminels néofascistes et par ceux d'extrême gauche, qui – ne l'oublions jamais, s'il vous plaît – avaient pour but commun la volonté d'affaiblir l'État démocratique. Ce point est important. Ceux qui, à l'étranger, veulent éviter la claire et nette condamnation des nombreux attentats et assassinats perpétrés par les Brigades rouges (et compagnie) parlent des massacres commis à la même époque par des groupes néofascistes et par des individus liés aux services secrets (italiens, mais aussi d'autres pays de l'Est, de l'Ouest et du Moyen-Orient). La justification chère à ces personnes est simple : le terrorisme italien a eu une dimension particulière en réponse au défi lancé par l'extrême droite à l'État démocratique. Ce discours ne peut témoigner que de deux choses : une totale mauvaise foi ou une totale ignorance de la réalité italienne des années 1970. Heureusement les Brigades rouges étaient plus explicites que leurs admirateurs étrangers. Leurs documents expriment l'évidente volonté d'abattre et certainement pas de sauver un État auquel les terroristes d'extrême gauche (comme les terroristes d'extrême droite) niaient toute nature « démocratique ». Bien au contraire, il faut répéter que les développements que nous pouvons considérer comme « démocratiques » et « progressistes » étaient perçus par les terroristes d'extrême gauche comme d'ignobles pièges du capitalisme. Cela explique un élément clé dans la relecture du terrorisme italien. Les victimes les plus emblématiques ont été des personnages engagés dans le développement des institutions démocratiques. De Aldo Moro à Massimo d'Antona, assassiné en 1999, quand il était conseiller juridique du ministre du Travail – et personnage historique du PCI napolitain – Antonio Bassolino (Afragola, Campanie, 1947), membre du gouvernement de Massimo d'Alema, le seul dirigeant de l'ex-PCI à avoir conduit un gouvernement italien. Les principaux ennemis du terrorisme d'extrême gauche n'étaient pas les fascistes et les « réactionnaires », mais – au contraire – les personnes les plus engagées sur le chemin des réformes.

Une question est souvent posée : « Pourquoi le terrorisme a-t-il eu une telle ampleur en Italie et pas ailleurs en Europe ? ». La réponse réside à mon avis dans les considérations suivantes :

1) la force du terrorisme a été proportionnelle à la faiblesse de l'État. Déjà, au lendemain de la Première Guerre mondiale, les mouvements violents de toute couleur politique avaient pris une ampleur particulière, qui s'était soldée par le succès

de Benito Mussolini, en 1922 ; un succès obtenu en partie grâce aux activités criminelles de ses « *squadre fasciste* », des groupes paramilitaires financés dans un premier temps par des propriétaires terriens de la plaine du Pô et ensuite également par des industriels, enrichis par la guerre et en difficulté à gérer les défis de la paix ;

2) le jeu des services secrets internationaux (le soutien des services secrets de l'Est au terrorisme italien n'est plus un mystère) qui a vu en l'Italie de l'époque le « maillon faible » de l'OTAN ;

3) l'Italie de l'époque avait le Parti communiste le plus fort et le plus ouvert d'Occident, vu à la fois par Moscou et par Washington comme un danger ; on revient ainsi à l'action des services secrets étrangers, ayant favorisé les différents terrorismes d'extrême gauche et d'extrême droite pour affaiblir l'Italie et son (très particulier) Parti communiste ;

4) il est fondamental de rappeler que le Mai 68 italien a été d'une grande ampleur et a donné naissance à des groupes d'extrême gauche qui se sont épuisés à la moitié des années 1970. C'est alors qu'une minorité de leurs membres a imaginé poursuivre le chemin révolutionnaire en s'associant aux groupes armés d'extrême gauche (les Brigades rouges sont nées en 1970 et ont tué 86 personnes dans la période 1974-1988) ou en créant des nouvelles formations clandestines ;

5) il faut aussi rappeler qu'une minuscule (mais non insignifiante) minorité des militants communistes de l'époque de la Résistance a été perplexe face à la conversion démocratique de plus en plus évidente de la part du PCI, auquel elle a reproché de ne pas avoir organisé en 1945 une lutte armée révolutionnaire ;

6) à son tour, le terrorisme d'extrême droite disposait à cette époque d'une force de frappe extrêmement redoutable (peut-

être héritée, en partie, du réseau secret paramilitaire « Gladio », qui avait été créé pendant les années 1950 sur initiative des services américains). Ce terrorisme néofasciste a perpétré, en collusion avec une partie des services secrets italiens et peut-être d'autres pays, plusieurs massacres en utilisant des explosifs ; en particulier le colis piégé à la Banca dell'Agricoltura de la piazza Fontana à Milan a provoqué 17 victimes le 12 décembre 1969 ; celui à la piazza della Loggia de Brescia a tué 8 personnes pendant une manifestation syndicale antifasciste le 28 mai 1974 ; celui à bord du train « Italicus » a provoqué 12 victimes le 4 août 1974 ; celui à la gare ferroviaire de Bologne a tué 85 personnes le 2 août 1980.

Plusieurs décennies sont passées depuis l'assassinat d'Aldo Moro par les Brigades rouges et les attentats néo-fascistes, qui ont ensanglanté le pays ; mais, encore aujourd'hui, un Italien, qui a vécu ces moments tragiques, peut être vraiment utile aux autres. Surtout aux jeunes de son pays et du reste du monde. Il peut dire et répéter que la violence politique n'amène rien, sauf les larmes de ceux qui la subissent et aussi de ceux qui la pratiquent. Des slogans comme « *Lo Stato borghese si abbatte, non si cambia* » sont des monumentales bêtises, qu'on peut s'amuser à crier dans une manif ou à écrire sur les murs, mais qui deviennent une boîte de Pandore si on y croit vraiment. Heureusement au XXIe siècle, on a trouvé autre chose à crier. L'État démocratique doit sans doute être amélioré. Surtout pas abattu.

Touche pas à mon pot-de-vin !

Lorsque je suis revenu à Paris « définitivement » (seulement les morts ont le droit d'utiliser cet adverbe sans guillemets) en 1986, le scénario était complètement différent. À cette époque, l'Italie était un mythe et l'Italien servait à alimenter l'espoir dans les succès d'un « modèle méditerranéen » à mi-chemin entre système D et capitalisme rhénan, entre génie et improvisation, entre la philosophie de Descartes et les chansons de Domenico Modugno. Un Italien à table, faisait rêver et donnait de la bonne humeur. « Expliquez-nous l'extraordinaire dynamisme de votre économie ! ». Pourvu que cela dure. Et, cela n'a pas duré. La situation ne pouvait pas durer car cet « extraordinaire dynamisme » était bâti sur des sables mouvants et aussi sur de mauvaises habitudes. Comme la dimension considérable de l'économie « souterraine » dans l'ensemble de l'économie italienne. Comme le travail « au noir » et l'évasion fiscale. Comme la corruption.

Nouveau changement au début des années 1990. Février 1992, l'enquête « Mains propres » conduite par les magistrats de Milan, utilise le Karcher contre la vieille et bien enracinée corruption politique, source de financement pour beaucoup de partis et leurs courants internes. Cette enquête signe la fin des partis ayant exercé depuis des décennies les responsabilités au gouvernement : la Démocratie chrétienne (DC), le Parti socialiste (PSI), le Parti social-démocrate (PSDI), le Parti républicain (PRI) et le Parti libéral (PLI). Quant au Parti communiste (PCI), il avait changé de nom en 1991 au lendemain de la chute du Mur de Berlin, en devenant Partito democratico della sinistra (Parti démocratique de la gauche, PDS). Ensuite cette formation politique prendra le nom de Democratici di sinistra (Démocrates de gauche, DS) pour fusionner enfin avec d'autres mouvements (en partie dérivés de la diaspora de la vieille DC) et créer l'actuel Partito democratico (Parti démocrate, PD). Le PDS est lui aussi touché par l'enquête anti-corruption de la période 1992-1994, mais beaucoup moins que la DC et ses alliés.

Tout commence à Milan, le lundi 17 février 1992. Mario Chiesa, cadre socialiste de 47 ans, est arrêté par les carabiniers sur ordre du magistrat. Chiesa est président du « Pio Albergo Trivulzio », ancienne et respectée institution philanthropique milanaise, très connue sous le nom dialectal de « Baggina ». C'est, depuis des siècles, l'hospice pour les personnes âgées, seules et sans moyens. La différence est que pendant les siècles passés on ne profitait pas des vieux pour empocher des pots-de-vin, rigoureusement en liquide. Les magistrats ont désormais les preuves de la corruption : l'entreprise privée chargée du nettoyage de la « Baggina » a obtenu son contrat sur la base de la promesse d'une « bustarella », comme les Italiens appellent l'enveloppe remplie de billets de banque. Exaspéré par les incessantes demandes de pot-de-vin, le chef de l'entreprise de nettoyage conclut un accord avec les carabiniers pour piéger Mario Chiesa. Les billets de la « bustarella » sont préalablement photographiés. Chiesa dit que l'argent était pour son parti. Il s'agit de l'équivalent de 3 500 euros, mais ce n'est que la partie émergée d'un gigantesque iceberg de corruption et de mauvaises habitudes. Bientôt une image frappe comme la foudre l'opinion publique italienne : celle du grand chef socialiste Bettino Craxi, ancien président du Conseil, s'enfuyant sous une pluie de pièces de monnaie, lancées contre lui par une foule déchaînée en plein centre de Rome. Le bilan final de l'enquête « Mains propres » (1992-1994) est de 25 400 mises en examen, 4 525 arrestations, 3 200 demandes de procès (« *richieste di rinvio a giudizio* », dans le langage juridique italien), 1 254 condamnations définitives et 910 acquittements à la suite d'un procès. L'enquête des magistrats au sujet de la corruption (au début ceux de Milan et ensuite ceux de l'Italie tout entière) met en état d'accusation un système de corruption et aussi une vieille et triste habitude-attitude italienne : la passivité du citoyen vis-à-vis du pouvoir (n'importe quel pouvoir) avec la propension à fermer les yeux dans l'espoir d'obtenir les miettes du gâteau. En Italie on utilise la phrase dialectale « *tengo famiglia* » (« J'ai une famille ») pour essayer de donner une justification morale à cette passivité, à cette complicité, à cette propension à fermer les yeux un peu trop souvent.

Cette enquête « Mains propres » excite l'opinion publique planétaire, qui trouve en l'Italie un exemple de courage, déterminée qu'elle semble être, à nettoyer les écuries d'Augias. Grand patron du groupe Ferruzzi-Montedison, géant de l'agroalimentaire et de la chimie, Raul Gardini avait séduit les agriculteurs de plusieurs pays (les Français en particulier) avec ses discours sur les carburants d'origine agricole. Il avait pris le contrôle de Béghin-Say et d'autres importants groupes européens. Dans l'Europe de l'argent facile, il paraissait un gagnant parmi les gagnants. Mais, à l'été 1993, il est dans le collimateur de la magistrature pour une histoire de pots-de-vin liés à la transformation de la chimie italienne. Le 20 juillet, Gabriele Cagliari (Guastalla, Émilie-Romagne, 1926 – Milan, 1993), ex-président du groupe public ENI, emprisonné à Milan se suicide, un sac en plastique sur la tête. Le 23 juillet, Gardini, qui avait été le grand rival de Cagliari, met également fin à ses jours en se tirant une balle dans la tête. Un Italien sert désormais à parler du cocktail affaires-politique-justice. Agité, pas remué. Très agité.

Début 1994, les Italiens espèrent naïvement avoir tourné la page de la corruption politique. Ils entretiennent l'illusion d'avoir finalement obtenu le droit de vivre dans un pays moralement transparent. Le droit, ils l'ont. Mais la réalité est bien différente. Ils se sont débarrassés de Craxi et ils se font séduire par Silvio Berlusconi, qui avait été le meilleur ami et le « protecteur-protégé » du même Bettino Craxi. Tout paraît changer dans la péninsule. En réalité, rien ne change vraiment. Et surtout presque rien ne va vraiment dans la bonne direction. L'homme d'affaires Silvio Berlusconi (Milan, 1936) entre sur la scène politique. Il crée le nouveau parti de droite Forza Italia en utilisant en même temps son énorme potentiel financier (il est très endetté, mais il n'a pas de difficulté à trouver de l'argent), son réseau médiatique et une partie des cadres engagés dans cette imposante « machine de la communication ». Certains membres des vieux partis changent de casaque et on assiste à la naissance d'une formation politique toute nouvelle, qui fait penser à l'amère considération du philosophe communiste Antonio Gramsci (Ales, Sardaigne, 1891 – Rome, 1937), à propos des partis politiques traditionnels de la première période de l'Italie réunifiée : « Les partis, dit Gramsci, n'étaient pas l'expression des classes populaires mais ils étaient un ensemble de galopins et de magouilleurs électoraux, mêlés à de petits intellectuels de province » (« *I partiti non furono una frazione organica delle classi popolari, ma un insieme di galoppini e maneggioni elettorali, un'accolta di piccoli intellettuali di provincia* »). Berlusconi gagne les élections législatives d'avril 1994 grâce à deux alliances : l'une dans les régions septentrionales où il fait bloc avec Umberto Bossi (Cassano Magnago, Lombardie, 1941) et sa Ligue du Nord (force prônant, selon les moments, l'autonomie ou la sécession de l'Italie septentrionale avec l'État italien) et, l'autre, dans les régions du Centre et du Sud où il trouve une entente avec le Movimento sociale (MSI, la formation d'extrême droite en phase de mutation, dont les premières amours étaient ouvertement fascistes). Et, en avril 1994, il devient chef du gouvernement, à la tête d'une droite décomplexée.

L'Italie devient en France le symbole du mal. Le pays du « nouveau fascisme ». On parle de « boycotter l'Italie ». La présence d'un Italien dans les dîners en ville sert maintenant à rappeler aux Français que la vie pourrait être bien plus dure que la leur. Finies les questions sur les performances économiques de l'industrie italienne (d'ailleurs de plus en plus rares). Face à la victoire berlusconienne, le gouvernement Balladur apparaît comme une droite à l'eau de rose. En cette année 1994, le bon Italien est celui qui, invité à dîner chez des amis français, commence à pleurer à l'apéritif pour terminer au moment du café, amer, comme sa vie. Entre la poire et le fromage, l'Italien en question a du mal à réagir à des phrases comme : « Par deux fois en moins d'un siècle, votre peuple a envoyé au pouvoir des hommes voulant abattre la démocratie ». Comme si le dictateur fasciste Benito Mussolini (Dovia di Predappio, Émilie-Romagne, 1883 – Giulino di Mezzegra, Lombardie, 1945) était ressuscité. Si vous osez dire que le moment est bien triste, mais que (heureusement) l'Italie est bien un pays démocratique, on vous répond que Mussolini et Hitler sont allés au pouvoir grâce à des élections. Donc il faut se méfier des urnes. Que répondre ? À l'étranger, on demande une seule chose à l'Italien : la liturgie des larmes. Combien de fois ai-je entendu cette question : « Mais comment est-il possible que le pays du Rinascimento ait donné le pouvoir à Berlusconi ? ». Comme si la Renaissance était pour les Italiens une assurance-vie contre toutes formes de problèmes, de risques et de mufleries. Un vaccin. « Tu sais, chéri, nous devons administrer à notre enfant une injection de Renaissance. Je veux être certaine que lors de nos vacances en Italie il n'attrapera pas la berlusconite ! ».

Abandonné par la Ligue du Nord, qui trouve un accord avec la gauche, Berlusconi perd le pouvoir en janvier 1995. Romano Prodi (Scandiano, Émilie-Romagne, 1939), ex-démocrate-chrétien, ex-président du holding public IRI (le grand pôle de l'industrie publique nationale), ex-ministre de l'Industrie dans le gouvernement Andreotti de la période 1978-1979, devenu leader de la coalition de gauche en 1995, gagne l'élection législative d'avril 1996 et finalement le champagne est utile à autre chose qu'à la production des larmes. Un Italien à l'étranger met à nouveau de bonne humeur. Ouf ! On l'a échappé belle.

Une fois au pouvoir, la gauche fait de très bonnes choses (le président du Conseil Prodi permet à l'Italie d'entrer dans la monnaie unique, pari qui exigera l'indispensable modernisation de toute l'économie nationale) et aussi de graves erreurs, comme renoncer à faire approuver une véritable loi sur le « conflit d'intérêts » pour un leader politique, qui serait, par exemple, en même temps propriétaire de trois chaînes de télévision (comme c'est le cas de Berlusconi). On ne peut pas dénoncer le « conflit d'intérêts » quand on est dans l'opposition et l'oublier quand on est aux affaires. Après avoir dénoncé Berlusconi comme s'il était le diable, la gauche italienne le sous-estime une fois arrivée à son tour au gouvernement. Qui plus est, la gauche italienne se divise en son sein. Prodi est forcé de démissionner en 1998, quand le gouvernement passe dans les mains de l'ex-dirigeant du PCI Massimo d'Alema (Rome, 1949), qui en 2000 cède à son tour le pouvoir à l'ex-socialiste Giuliano Amato (Turin, 1938).

Berlusconi rétablit son alliance avec la Ligue du Nord, relance celle avec les ex-néofascistes (qui seront absorbés par son parti) et gagne l'élection législative de 2001. L'Italien à Paris fait de nouveau pleurer les Français lors des dîners en ville. Il voudrait converser tranquillement et regarder un peu vers l'avenir, mais à ce moment-là il se sent traité plus ou moins comme les réfugiés chiliens après le coup d'État du 11 septembre 1973. Il se doit de pleurer sur l'horrible destin de son pays « fasciste » et de son peuple « vulgaire », qui évidemment « a oublié la Renaissance ». Objet de cette généreuse commisération, il apprécie la qualité du Chateaubriand de M. et Mme Dupont. Leur fils Karl-Frédéric-Vladimir-Sigmund, que papa et maman ont tendrement surnommé Lacan, assiste à la scène de son berceau. Son subconscient est certain qu'à l'École alsacienne et à Henri IV, il pourra difficilement attraper une maladie honteuse à l'italienne.

Prodi gagne les élections de 2006 et on recommence à rire. Ouf, de nouveau. Le second gouvernement Prodi commet les fautes du précédent (renoncement à la loi sur le « conflit d'intérêts » et fragmentation presque suicidaire de la majorité parlementaire, allant du centre à l'extrême gauche) en y ajoutant une autre, qui se révélera particulièrement grave : il renonce à changer la loi électorale, que Berlusconi avait modifiée (de façon totalement irresponsable) fin 2005, dans l'espoir d'éviter ou du moins de limiter sa défaite. C'est un point clé celui de la loi électorale, qui en Italie (comme en France) ne fait pas partie de la Constitution et qui peut donc être modifiée par une loi ordinaire. Sous la Première République, les membres de la Chambre des députés sont élus par scrutin proportionnel avec vote de préférence (le but étant de permettre à un citoyen de choisir à la fois un parti et un candidat dans la liste du parti). En 1993, avec la nouvelle République, un important changement s'opère avec le passage vers un mode de scrutin hybride, c'est-à-dire à la fois majoritaire et proportionnel (les trois quarts de la Chambre étant élus sur un mode majoritaire à un seul tour à l'anglaise et le dernier quart à la proportionnelle). Ce système a été conçu pour favoriser l'alternance au pouvoir. En 2005, quand il était en difficulté et qu'il pensait perdre les élections suivantes, Berlusconi a fait approuver une nouvelle loi électorale dans le seul but de brouiller les cartes en vue des législatives de 2006.

Avec un mélange d'italien et de latin (surtout avec beaucoup de mépris), la presse a surnommé cette loi électorale «*porcellum*», c'est-à-dire «cochonnerie». Une immense cochonnerie, que Romano Prodi et son gouvernement de centre gauche n'ont – hélas ! – pas tenté de modifier dans la période 2006-2008. Le «*porcellum*» a trois défauts : 1) il donne une «prime majoritaire» de 55 % des sièges de la Chambre à la coalition ayant recueilli le plus de voix ; avec ce paradoxe qu'une coalition n'ayant obtenu que 30 % des voix peut se voir attribuer la majorité absolue des députés ; 2) il prévoit pour le Sénat cette même «prime majoritaire» au niveau de chacune des 20 régions italiennes ; avec pour conséquence qu'une coalition peut avoir la majorité à la Chambre et pas au Sénat, en provoquant ainsi une crise très sérieuse car Chambre et Sénat ont les mêmes pouvoirs ; 3) le vote de préférence aux candidats disparaît ; les listes sont figées comme elles ont été choisies par le parti (s'il y a trois places de députés, il s'agit forcément des trois premiers candidats de la liste).

Les législatives de 2006, de 2008 et de 2013 se sont déroulées sur le mode du «*porcellum*», mais, le 4 décembre 2013, le *Corte costituzionale* (l'équivalent du Conseil constitutionnel français) a déclaré «contraire à la Constitution» la loi électorale voulue en 2005 par Berlusconi (à cause de ce mode d'attribution d'une forte majorité et des listes « figées », avec un pouvoir exagéré pour les partis au détriment des électeurs). Le fait que trois Parlements italiens ont été élus avec une loi « contraire à la Constitution italienne » est une preuve évidente des difficultés, des absurdités et de la propension suicidaire de la vie politique de la péninsule à l'époque de la Seconde République.

Le gouvernement Prodi implose début 2008 et Berlusconi gagne les élections anticipées au mois d'avril de la même année. Le délicieux film de Philippe Claudel *Tous les soleils du monde*, 2010, nous propose l'image du fou-sympa Crampone (interprété par Neri Marcoré), un anarchiste italien vivant à Strasbourg, où il insiste pour avoir le statut de « réfugié politique » parce qu'il a choisi de quitter son pays. Gérard Depardieu a sans doute vu ce film. Lors d'un dîner parisien on me demande : « Comment est-il possible que cet insupportable Silvio Berlusconi soit resté au pouvoir aussi longtemps ? Tu te rends compte qu'il a exercé le pouvoir aussi longtemps que Napoléon ? ». J'ai envie de dire : « Mais tu étais sur la Lune quand le Premier ministre s'appelait Prodi ou d'Alema ? Crois-tu que la gauche italienne puisse gagner par des ruses ou par les idées et les programmes ? As-tu réfléchi aux conséquences néfastes que les divisions et les erreurs de la gauche ont eues dans les différents succès berlusconiens ? Bien sûr que Berlusconi est un problème sérieux pour le pays et pour ses institutions, mais la gauche ne peut pas l'utiliser pour cacher son propre manque de courage, de cohérence et de cohésion. Les problèmes de l'Italie vont bien au-delà d'une personne. Berlusconi est plein de torts et de procès, il a été condamné et il doit payer. Berlusconi a énormément d'argent et plusieurs médias, à commencer par ses chaînes télé. Pour gagner contre lui, les forces progressistes doivent être sérieuses, unies, pragmatiques et réformatrices. Crier plus fort au scandale ne signifie pas nécessairement être plus efficace ni plus sérieux. Le défi de fond n'est pas (seulement) celui de battre Berlusconi, mais de changer la société italienne. La politique n'est pas un exorcisme ! ». J'ai envie de répondre, mais je ne dis rien, sauf de demander la vinaigrette pour mes huîtres.

Je vois que ce silence provoque de la perplexité et alors je dis : « Connaissez-vous l'histoire du petit Antonin qui demande à son père de lui expliquer la politique ? » Un enseignant d'histoire de l'art me regarde en aspirant une huître. Alors j'y vais avec la réponse du père : « "Je te fais un exemple, mon petit Antonin. Moi je travaille pour entretenir notre belle maison à la campagne, je suis donc le capitaliste. Ta mère, qui administre tout, est le gouvernement. Toi tu es le peuple. Notre jeune fille au pair ukrainienne Valentina est la classe ouvrière et ta petite sœur Camille, qui a seulement six mois, est l'avenir". Vers minuit Camille pleure en espérant que quelqu'un vienne changer sa couche. Antonin qui n'en peut plus, entre dans la chambre de ses parents, où sa maman dort tranquillement. Il monte au second étage, entre timidement dans la chambre de Valentina, mais la voit au lit avec son père. Il retourne alors dans son lit et se rendort. Au petit-déjeuner, le lendemain, il dit à son père : "Tu sais papa, j'ai tout compris à la politique ! Les capitalistes baisent la classe ouvrière, le gouvernement dort, personne n'écoute le peuple et l'avenir est dans la merde" ». Berlusconi était à cette période le capitaliste et le gouvernement. Amusant pour lui. Beaucoup moins pour le peuple et peu rassurant pour l'Italie dans son ensemble. Berlusconi n'a pas manqué d'opportunités pour nous montrer sa conception de la politique. Comme le dirait Antonin.

Bunga-bunga

La troisième version du pouvoir berlusconien (d'avril 2008 à novembre 2011) est une représentation grotesque dans un contexte national et international qui devient de plus en plus dramatique. La crise financière et économique est évidente. Elle est internationale, mais en Italie elle frappe avec une violence particulière. La politique romaine danse sur ce magnifique bateau, nommé *Titanic-Italia* ou, tout simplement, *Titalic*. Il ne peut pas couler. Il est presque aussi solide que l'économie occidentale. L'iceberg s'appelle dette publique, qui – comme on l'a déjà vu – force chaque année l'Italie à placer des centaines de milliards d'euros en bons du trésor (en payant des intérêts annuels pour une centaine de milliards d'euros). Même si une grande partie de la dette est rachetée par des compatriotes, l'Italie a donc un extrême besoin de rassurer les marchés financiers internationaux pour placer ses bons du Trésor à un taux d'intérêt le plus bas possible. Elle doit se montrer sérieuse, déterminée, fiable. Elle doit faire ses devoirs. C'est-à-dire des réformes dignes de ce nom.

L'année 2008, avec le début de la grande crise, est vraiment le pire moment pour donner la confiance nationale à un personnage aussi controversé que Berlusconi. Et pourtant… En avril 2008, Berlusconi gagne de façon très large les élections législatives anticipées. Il gagne surtout grâce à la dissolution de la vieille majorité de centre gauche, dirigée par Romano Prodi. La coalition sortante a impressionné les Italiens, surtout par son impuissance. Berlusconi n'a plus qu'à cueillir les fruits de l'arbre. De plus, il a engagé sa puissance médiatique et les jeux sont faits. Pour lui tout paraît facile. Et pourtant…

Le 27 mai 2010, Berlusconi est à Paris. Il se sent au zénith de sa carrière politique. Il a retrouvé le pouvoir et, dans la capitale française, il préside un sommet de l'OCDE. Le soir, il arrive au Bourget pour monter dans l'« Air Force One » italien. Il reçoit un appel téléphonique réservé. Très réservé. Une fille marocaine de 17 ans, Karima el-Mahroug (surnommée Ruby), est en garde à vue au siège de la police de Milan, accusée de vol. Ruby a évidemment un lien avec Berlusconi, elle a participé aux fêtes organisées dans sa villa d'Arcore, près de Milan, et aux fameuses danses érotiques égayant ces soirées « bunga bunga ». Le chef du gouvernement charge un collaborateur d'appeler les responsables de la police milanaise pour obtenir la libération urgente de la petite Ruby. Il prend le téléphone et il insiste : il faut libérer la jeune fille pour éviter un incident diplomatique parce qu'elle « est la nièce du président égyptien Hosni Moubarak ». Le 28 octobre 2010, la presse italienne révèle ce mensonge et pour Silvio c'est le début du « Rubygate », le scandale de trop, avec de forts soupçons (il s'agit quasiment d'une certitude) de mensonge délibéré et de prostitution sur mineure. Difficile d'imaginer qu'il ignorait l'âge et la nationalité de la jeune fille. L'expression « bunga bunga », utilisée par Berlusconi pour définir certaines nuits dans la villa d'Arcore, fait le tour du monde. Les frasques berlusconiennes ridiculisent le gouvernement de Rome devant l'opinion publique nationale et internationale. On pense à ces soirées avec des filles déguisées en infirmières sexy, médecins sexy et même bonnes sœurs sexy.

Ensuite, au rythme de la musique, des rayons laser rouges et des pilules bleues, la bonne sœur termine sa métamorphose vers une conception flexible de la spiritualité. On rit de l'Inde au Brésil, du pôle Nord au pôle Sud. Les seuls à ne pas s'amuser sont les Italiens. Au moment de la crise économique et des sacrifices de plus en plus lourds, ceux-ci doivent assister au spectacle de la corruption débordante (les révélations sur les « affaires » explosent), en subissant les grotesques déclarations d'un Premier ministre, qui affirme avoir agi uniquement par « générosité humaine et chrétienne » envers ces jeunes filles en difficulté. Un saint.

Le pas est petit entre l'ironie sur Berlusconi et la spéculation contre l'Italie sur les marchés financiers mondiaux. On vend les obligations publiques italiennes pour racheter celles d'autres pays de la zone euro, même si celles-ci comportent une rentabilité inférieure. Novembre 2011, la position de Berlusconi n'est plus tenable. L'État italien doit payer de plus en plus d'intérêts pour refinancer les échéances de sa dette publique. L'Italie risque de faire tomber l'euro. Rome doit s'habiller de façon plus digne. Au moment le plus difficile de la crise économique et financière, le président de la République Giorgio Napolitano (qui avait été l'un des principaux dirigeants du vieux PCI) utilise ses pouvoirs constitutionnels pour nommer « sénateur à vie » le technocrate Mario Monti, déjà membre, vice-président, de la Commission de Bruxelles (et aussi vice-président de la Commission Attali, créée par le président Sarkozy en 2008 à Paris dans le but d'étudier des réformes modernisatrices). À la démission de Berlusconi, Monti est chargé par Giorgio Napolitano (né à Naples en 1925, président de la République depuis mai 2006) de former un nouveau gouvernement de technocrates, soutenu par la quasi-totalité du Parlement. Le Partito della Libertà (PDL, la nouvelle formation politique de Berlusconi) se trouve ainsi dans la même majorité que le PD, désormais conduit par l'ex-communiste Pierluigi Bersani (Bettola, Émilie-Romagne, 1951). Monti réalise un miracle et une bêtise. Le miracle consiste à augmenter rapidement la crédibilité de l'État italien, d'où la division par deux (de presque six à moins de trois points de pourcentage) du « *spread* », c'est-à-dire le différentiel de rentabilité entre les bons du trésor à dix ans émis par l'Allemagne et par l'Italie.

Quant à la bêtise. Souvenons-nous. Décembre 2012, on entre dans une phase particulièrement significative des convulsions politiques à l'italienne. Le PDL de Berlusconi abandonne la majorité, mettant ainsi en crise le gouvernement Monti. Les élections sont alors anticipées de deux mois (février au lieu d'avril 2013). Monti fait l'énorme erreur d'abandonner son costume de technocrate pour créer son propre parti politique centriste. Ce choix est d'autant plus absurde que les élections se déroulent sur la base de la loi électorale berlusconienne de 2005 et Monti, en se positionnant comme alternative aux deux grandes alliances de gauche et de droite, n'a aucune chance de gagner. Le résultat des urnes est apparemment dramatique : l'Italie n'a plus de majorité. Si le PD l'emporte en nombre de sièges à la Chambre, au Sénat aucune coalition ne peut se considérer comme gagnante. La coalition berlusconienne est devenue minoritaire, mais ne s'est pas dissoute. Trois grands partis dominent la scène, chacun avec un quart des voix populaires : le PD, le PDL et le nouveau Mouvement 5 Étoiles (les populistes de l'acteur comique Beppe Grillo). Monti et les autres doivent se contenter des miettes. On craint le pire. Une fois de plus l'Italie se sent au bord du gouffre.

La confusion est totale. Le président de la République, Giorgio Napolitano est bien déterminé à quitter le palais du Quirinal en mai, à l'échéance de son septennat. Et pour choisir son successeur un millier de grands électeurs (tous les députés, les sénateurs et une délégation de représentants des régions) arrivent à Rome début avril 2013. Juste avant de partir, Napolitano reconduit – en absence d'une nouvelle majorité parlementaire – le gouvernement sortant, dirigé par Mario Monti. Napolitano est un leader historique de la gauche italienne. Lorsqu'il est entré au Quirinal en 2006, il était devenu le garant de la Constitution et de l'unité nationale. Il voulait éviter que les Italiens s'autodétruisent en continuant à se déchirer entre eux. Compte tenu des résultats des législatives de février, son idée est maintenant celle d'un gouvernement de large unité nationale, composé par le PD, le centre de Monti et la droite berlusconienne du PDL. Mais une grande partie du PD rêve d'un gouvernement tout à gauche. Pour le réaliser, il faudrait élargir la majorité aux parlementaires de Beppe Grillo. Impossible car Grillo s'y refuse de façon absolue et méprisante. Pour lui, droite et gauche au pouvoir c'est la même chose. Probablement avec une inavouable préférence pour la droite berlusconienne, qui est plus facile à mépriser.

L'élection du nouveau président de la République devient cruciale pour le pays, même si constitutionnellement les pouvoirs liés à sa fonction sont plutôt limités. La gauche a la possibilité d'élire qui elle veut, à la seule condition d'être unie. Elle ne l'est pas. Elle se déchire sur la base de différences politiques et surtout d'ambitions et d'intérêts personnels. Un suicide politique en bonne et due forme, entériné dans le secret de l'urne. Le PD choisit officiellement son candidat en la personne de Romano Prodi et un cinquième de ses grands électeurs profitent du vote secret pour le trahir. Sauvé (une fois de plus !) par les divisions de la gauche, Berlusconi peut accepter un compromis : la réélection de Napolitano. Une fois confirmé au palais du Quirinal, ce dernier peut imposer à son tour le compromis qu'il préfère : un gouvernement de large coalition. La saison de tous les dangers se solde ainsi par la naissance du gouvernement présidé par Enrico Letta, né à Pise en 1966, ex-DC, désormais PD.

L'année 2013 sera probablement considérée comme celle du tournant vers un nouveau cadre politique et institutionnel, caractérisé par la forte influence de l'économie sur la politique, par le lien croissant avec l'Europe et par le tant attendu crépuscule politique de Silvio Berlusconi. Le 1er août 2013 ce dernier a été condamné pour fraude fiscale par un verdict définitif de la Cour de cassation. C'est la première fois qu'une condamnation définitive est prononcée à l'encontre de Berlusconi, objet de plusieurs procès, en partie oubliés suite à la prescription ou à l'amnistie. Celle du 1er août est particulièrement exemplaire : quatre ans de prison. Malgré son espoir d'éviter la prison (à cause de son âge), Berlusconi a dû subir les effets collatéraux du verdict : en particulier la décision (27 novembre 2013) du Sénat italien de mettre fin à son mandat parlementaire en tant que membre de cette assemblée. Une situation humiliante, qui a vu, en novembre 2013, la scission du mouvement berlusconien, avec la naissance du parti baptisé « Nouveau Centre-Droite », conduit par Angelino Alfano. Dans l'espoir de ralentir sa chute, Berlusconi a dissous au même moment son PDL en proclamant la résurrection de son vieux mouvement Forza Italia. Mais la résurrection d'une force politique ne signifie pas nécessairement celle de son créateur. Ainsi le déclin politique de Silvio Berlusconi s'est accéléré dans sa 78e année.

Les autres conséquences de l'élection législative de février 2013 méritent aussi d'être rappelées. Il s'agit de conséquences assez intéressantes. Les voilà : 1) Renouvellement sans précédent des membres du Parlement ; 2) Présences inédites de jeunes et de femmes au Parlement ; 3) Choix de deux personnes exemplaires pour présider la Chambre des députés (Mme Laura Boldrini, militante historique de la lutte contre la xénophobie) et le Sénat (le juge anti-Mafia Pietro Grasso) ; 4) choix d'un « jeune » de 47 ans (Letta) comme chef du gouvernement ; 5) présence féminine sans précédent à l'intérieur du gouvernement ; 6) création du ministère de l'Intégration des immigrés et nomination à sa tête de Mme Cécile Kyenge, 49 ans, originaire de la République démocratique du Congo et première personne de couleur à devenir ministre dans toute l'histoire italienne. Ces changements peuvent provoquer des contrecoups. Voilà que les dirigeants de la Ligue du Nord insultent ouvertement Mme Kyenge, qui veut donner la nationalité italienne à tous les enfants nés dans la péninsule. Roberto Calderoli – qui est l'un des chefs de la Ligue du Nord et aussi l'un des vice-présidents du Sénat – a dit le 13 juillet 2013, lors d'un meeting dans la ville de Treviglio, que Mme Cécile Kyenge « fait bien d'être ministre mais peut-être devrait-elle le faire dans son pays (...) Je me console quand je surfe sur Internet et que je vois les photos du gouvernement. J'aime les animaux (...) mais quand je vois les images de Kyenge, je ne peux m'empêcher de penser à des ressemblances avec un orang-outan ». Des mots comme des pierres. Des mots incroyables. Mme Kyenge a acquis la nationalité italienne et parle l'italien bien mieux que plusieurs dirigeants de la Ligue du Nord, mais cela compte évidemment peu pour Roberto Calderoli. Face au changement, certaines personnes ne savent qu'exprimer vulgarité et intolérance. La Ligue du Nord est née en 1989. Ouvertement populiste, elle incarne le rêve de la « révolution fiscale » de la partie la plus riche de la péninsule.

Le vieux piège du populisme

Le siècle et demi d'existence de l'État italien peut être divisé en quatre parties : 1) *Monarchie constitutionnelle* pendant la période 1861-1922 (avec l'élargissement progressif du droit de vote et un corps électoral passé de 419 000 personnes en 1861 à 2 millions en 1882, à 8,7 millions en 1913, année de l'entrée en vigueur du suffrage universel masculin ; le droit de vote aux femmes sera adopté en Italie, comme en France, après la Seconde Guerre mondiale ; les Italiens ayant droit au vote seront donc 28 millions en 1946 ; en 2014 ils sont 50 millions) ; 2) *Fascisme* de 1922 à la fin de la Seconde Guerre mondiale ; 3) *Première République* de la Libération (25 avril 1945) à l'enquête « Mains propres » de 1992-1994 (en réalité la République est proclamée suite au référendum institutionnel du 2 juin 1946) ; 4) *Seconde République* jusqu'à la période de transition, commencée en novembre 2011 avec le gouvernement technocratique de Mario Monti et poursuivie, après les élections législatives de février 2013, avec le gouvernement de Enrico Letta ; ces deux gouvernements étant soutenus par une majorité de « coalition nationale » incluant le centre gauche du PD, la droite berlusconienne et les formations centristes (Berlusconi sort de la majorité en novembre 2013 ; à partir de ce moment, le gouvernement Letta est soutenu par les ex--

berlusconiens du « Nouveau Centre-Droite », par les centristes, et surtout par le PD).

La Première République a été marquée par une caractéristique fondamentale : tous les gouvernements ont été construits en fonction du rôle clé de la DC et l'absence d'alternance a favorisé la corruption. S'il est vrai que « l'occasion fait le larron », on ne peut que constater que le manque d'une alternance multiplie les occasions. D'où un environnement très favorable à la corruption et, à la fin, le choc de l'enquête « Mains propres ». La Seconde République a vu l'alternance au pouvoir (victoire de la droite berlusconienne en 1994 ; victoire du centre gauche aux législatives anticipées de 1996 ; victoire de la droite berlusconienne en 2001 ; victoire du centre gauche en 2006 ; victoire de la droite berlusconienne en 2008 ; démission du gouvernement Berlusconi en novembre 2011 suite à la crise financière et à la méfiance internationale envers l'Italie).

Mais le bipolarisme de la Seconde République a été boiteux parce que tout le débat a été tourné autour de la personne de Silvio Berlusconi. D'un côté, des fidèles qui l'adoraient comme un prophète ou plutôt comme le téléprédicateur d'une nouvelle secte religieuse à l'américaine (des fidèles ayant besoin de l'argent du chef pour leurs campagnes électorales) ; de l'autre ses ennemis, tombés dans le piège consistant à discuter de lui de façon presque obsessionnelle. Silvio Berlusconi et Romano Prodi se sont détestés et se sont affrontés comme Romulus et Rémus, avec la différence que cette fois on ne pouvait pas résoudre le problème en comptabilisant les oiseaux dans le ciel de Rome. Ils se sont limités à compter les occasions perdues, les réformes ratées et les milliards d'euros de la dette publique. La période de la Seconde République a été une impasse pour le pays. Une impasse qui a fait émerger l'impuissance de la droite, mais aussi celle de la gauche. Les partis politiques ayant dominé la Seconde

République (berlusconiens, centristes et centre gauche du Parti Démocrate) étaient, à la fin de l'année 2013, dans un état confusionnel, lorsqu'un signal intéressant – en termes de renouvellement et de participation – est venu le 8 décembre 2013 des « primaires » du PD pour élire le nouveau secrétaire. Le peuple de gauche (ou plutôt de centre gauche, comme on dit habituellement en Italie) a choisi entre les candidats Matteo Renzi (un « Tony Blair italien », né à Florence en 1975 ; issu de la famille politique de l'ex-DC, il entre au PD dès la naissance du parti, c'est-à-dire en 2007 ; maire de Florence depuis 2009) ; Giuseppe (dit Pippo) Civati (né à Monza, Lombardie, en 1975 ; leader de la gauche intérieure au PD ; membre lui aussi de cette formation depuis 2007 ; provenant de la famille politique de l'ex-PCI) ; Gianni Cuperlo (né à Trieste en 1961 ; ex-responsable de la jeunesse communiste ; entré lui aussi dans le PD en 2007). Renzi a clairement gagné : 68 % des trois millions de voix exprimées par les militants et les sympathisants.

Février 2014, Renzi a formé son propre gouvernement après avoir poussé à la démission son camarade de parti Letta. Il a constitué une équipe restreinte de 16 ministres (8 hommes et 8 femmes), fondée sur une majorité de centre-gauche. Drôle de langage : la coalition est composée par le PD, les centristes et le « Nouveau centre-droit ». Arrivé au pouvoir, Renzi a promis un programme draconien de réformes (à commencer par une nouvelle loi électorale) et de relance de la consommation, avec l'augmentation des salaires. Il a aussi parié sur un choc de communication, en mettant les Italiens (et l'Europe) face à une alternative claire et brutale : soit sa politique réussit, soit le pays tout entier est promis au désastre. L'opinion publique a manifesté beaucoup d'intérêt pour les premiers pas de Renzi. Quoi qu'il en soit, cette expérience politique s'intègre dans le processus de passage de l'Italie de la Seconde à la Troisième République.

Les Italiens veulent désormais des nouveaux partis ou de toute façon des partis largement renouvelés. Née des conséquences d'une enquête judiciaire, la Seconde République est en train de s'achever en 2014 au milieu de procès, d'enquêtes judiciaires ainsi que des vieux et des nouveaux scandales.

Excusez-moi pour la répétition de certains concepts, mais je résume maintenant, de façon très schématique, l'interprétation du « phénomène berlusconien ».

Le cadre de l'affirmation politique de Silvio Berlusconi en 1994 est caractérisé par deux éléments : a) la crise profonde d'un système politique rendu boiteux par le manque d'alternance au gouvernement ; b) la transformation profonde de la société italienne ; en l'espace d'un demi-siècle, celle-ci a vécu deux métamorphoses : de paysanne à industrielle-ouvrière et de industrielle-ouvrière à « petite-bourgeoise ». Berlusconi se propose comme le fils exemplaire de cette dernière Italie, animée par une envie de réussite à tout prix. Il s'adresse à cette partie de la population (ex-ouvrière et ex-paysanne) en obtenant des résultats inattendus au Nord (y compris dans les vieilles villes ouvrières du Milanais, comme Sesto San Giovanni, autrefois définie « la Stalingrad d'Italie ») et au Sud (où une grande partie des notables locaux ex-DC, ex-PSI ou ex-MSI se rallient rapidement à sa cause). La propagation du « verbe » berlusconien – à partir de l'idée de la « réussite » à tout prix – est facilitée par le traditionnel contexte de méfiance systématique du citoyen italien envers l'État. « Mains propres » a fait exploser toutes ces mines flottantes : changement de la société, crise des valeurs, crise de la politique. Le paradoxe est que la crise des valeurs n'a pas produit une vague moralisatrice, mais une démoralisation générale quant aux grands idéaux, qui étaient à la base de la Constitution démocratique italienne, entrée en vigueur le 1er janvier 1948. Voilà la surprise d'avril 1994.

En 1994, au moment où la gauche italienne paraissait finalement sur le point de prendre le pouvoir (au lendemain de la chute du Mur de Berlin), les électeurs ont préféré signer un chèque en blanc à Silvio Berlusconi, surnommé «*il Cavaliere*» ou aussi «*Sua Emittenza*» (jeu de mots entre le titre des évêques «*Sua Eminenza*» et le terme «*emittenza*», l'émission des ondes hertziennes des télévisions). Les succès politiques de Berlusconi s'expliquent essentiellement par ces quatre raisons : 1) ses promesses mirobolantes (d'ailleurs jamais honorées, comme dans le cas du «million de nouveaux emplois» promis en 1994) et sa capacité à prononcer des discours agréables aux oreilles d'une grande partie de la population italienne (comme la réduction des prélèvements fiscaux) ; 2) sa grande disponibilité financière, qui a permis à son parti de faire face aux exigences électorales (avec, en plus, des fréquentes contributions d'origines diverses et variées) ; 3) sa force médiatique (trois chaînes télé sur sept, un grand groupe de presse et une forte influence sur certaines composantes de la radio-télévision publique) ; 4) «*Last but not least*», comme dirait Tony Blair, les erreurs de ses rivaux de gauche, qui n'ont pas réussi à se mobiliser autrement que dans l'aversion à sa personne et qui n'ont pas su, quand ils ont été au gouvernement, mettre en œuvre une politique de reformes efficaces, ni à faire approuver une loi sur le «conflit d'intérêt» ni même à changer en 2006-2007 l'absurde loi électorale de 2005.

Ceci dit, il est fondamental de rappeler que Berlusconi n'a jamais gagné deux élections législatives consécutives. Après ses différents mandats, les Italiens lui ont toujours tourné le dos. Tout jugement sérieux sur l'«époque berlusconienne» doit prendre en compte l'ensemble de ces éléments, parce que cela serait trop beau si tous les problèmes de la politique italienne disparaissaient avec Berlusconi. Étudier sérieusement cette période, permettra aux Italiens de comprendre leurs erreurs, leurs problèmes et leurs limites. Les Italiens ont une forte propension à rêver et Berlusconi (qui pourrait vendre des frigos aux Eskimos) a joué sur son terrain préféré en leur vendant des rêves. En les faisant rêver bien plus que réfléchir. « *Vi dico che é possibile realizzare insieme un grande sogno* » (« Je vous dis qu'il est possible de réaliser tous ensemble un grand rêve »), dit-il dans son appel télévisé du 26 janvier 1994, quand il annonce son entrée en politique. À la même occasion, il promet « un nouveau miracle italien ». « Rêve » et « miracle », voilà ses mots clés.

Évidemment, tous les rêves ne sont pas mauvais et la politique a besoin de certains rêves. À une époque, la gauche italienne savait, en même temps, proposer des rêves égalitaires et organiser des mobilisations très concrètes dans la société. Pendant les « années berlusconiennes », la gauche italienne a su se mobiliser seulement (ou presque seulement) contre Berlusconi. Cela l'a mise dans une position de faiblesse. Il nous faut donc garder une part de rêve, qui nous permette d'imaginer une « cité utopique » : la cité qui n'existe nulle part, mais qui peut devenir le modèle pour réaliser notre société à nous. Le problème est que, dans notre société en crise d'imagination (et, cette fois, je parle de la société en crise d'imagination), on a du mal à apprécier l'utopie. On a créé une utopie génétiquement modifiée, banalisée et vulgarisée. Une marchandise de supermarché, vendue dans les grandes surfaces à prix discount. Son nom a changé. Elle ne s'appelle plus utopie. Elle s'appelle populisme. La politique a horreur du vide. Et, sur ce vide d'idée laissé par la politique traditionnelle, d'autres politiques s'installent : elles vendent des promesses, de la fumée et parfois de la haine.

Dans l'échec de la Seconde République, payé par les Italiens au prix de difficultés économiques particulièrement graves, les responsabilités sont nombreuses, même si elles ne sont pas égales. Cette situation a favorisé les discours populistes à base du « mantra » dangereux et grotesque, du « tous les mêmes, tous pourris », que Grillo a choisi de chanter en boucle en Italie et que (même à partir de positions différentes) Marine Le Pen essaie d'interpréter en France.

« Si vous voulez de la rhétorique, votez contre moi ! ». Tel a été le défi lancé par Giovanni Giolitti (Mondovì, Piémont, 1842 – Cavour, Piémont, 1928) lors de son discours parlementaire pour demander la confiance à son premier gouvernement, en mai 1892. Ensuite, il a failli démissionner car près de la moitié des députés ont voté contre lui. Les Italiens sont particulièrement sensibles à la rhétorique, à la démagogie, au populisme, aux grandes promesses et aux discours flamboyants. Ils veulent rêver. Ils rêvent toujours de pouvoir rêver un peu plus. Enlever le rêve aux Italiens est comme leur enlever l'air. Certains politiques ont trouvé la façon d'entrer dans le cœur du peuple grâce à la clé du populisme. « *Parole, parole, parole ; soltanto parole* », chanteraient Mina (pour laquelle cette chanson a été écrite en 1971) et aussi Iolanda Gigliotti, mieux connue sous le nom de Dalida, née au Caire en 1933 dans l'une des familles italiennes d'Égypte. En un siècle et demi d'unité nationale, l'Italie a économisé sur tout. Sauf sur les « *paroles* ». Un tsunami de paroles.

Le concept de populisme varie beaucoup selon les époques et les pays. Dans l'antiquité grecque et romaine des personnalités politiques se sont servis de la démagogie comme arme, pour faire appel directement au peuple contre les élites et contre les institutions. À plus forte raison dans un contexte contemporain, la clé du populisme réside dans ce recours direct au peuple dans le but de délégitimer systématiquement les institutions démocratiques. Cet élément, typique d'une mentalité populiste, a été présent à plusieurs reprises dans l'histoire italienne du XXe et du XXIe siècle. Le 8 juillet 2004, devant un public trié sur le volet parmi les membres de l'Association bancaire italienne (ABI) Berlusconi ouvre son cœur en disant : « *Forse non ho il senso dello Stato, ma ho il senso dei cittadini* » (« Peut-être que je n'ai pas le sens de l'État, mais j'ai le sens des citoyens »). Un appel direct au peuple comme justification d'une loyauté « à géométrie variable » vis-à-vis de l'État républicain et de ses principes. L'homme-peuple comme alternative au strict respect des institutions. Benito Mussolini a également joué cette carte lors de son ascension au pouvoir. Son revirement de la gauche à la droite a pour point de départ la question de l'intervention italienne dans la Première Guerre mondiale et certaines de ses positions de l'époque, comme celles d'une grande partie des interventionnistes (parmi lesquels, au premier plan, le poète Gabriele d'Annunzio), donnent une sensation de national-populisme. Notons au passage, que Mussolini quittera à l'automne 1914 la direction du quotidien socialiste *L'Avanti* et qu'en l'espace d'un mois à peine, il créera « miraculeusement », le quotidien interventionniste *Il Popolo d'Italia*, qui deviendra ensuite l'organe officiel du fascisme. Cela se fit grâce à des aides financières « anonymes », probablement en partie venues de France, pays extrêmement intéressé à entraîner Rome dans le conflit contre les « Empires centraux ». L'entrée de l'Italie dans la Première Guerre mondiale a été favorisée par une mobilisation nourrie par les discours du populisme nationaliste, qui a créé – au moment de la paix – le terrain favorable à une nouvelle vague populiste, sur laquelle Mussolini a « surfé » pour prendre le pouvoir le 28 octobre 1922 à la suite de la « Marcia su Roma ».

Voilà exaltée la présumée relation directe, particulière et privilégiée entre le leader et le peuple. Mussolini le « Duce » en symbiose avec la « masse populaire ». Le chef comme homme d'un destin dont le peuple est forcément destinataire. Cela fait penser à l'une des œuvres les plus connues du musicien national : Giuseppe Verdi (Roncole di Busseto, Émilie-Romagne, 1813 – Milan, 1901), auteur de « La force du destin ». Orateur très habile, Mussolini aurait eu coutume de dire à ses proches que « La foule est femme, elle aime se faire baiser ! ». Le populisme comme instrument du chef pour « posséder » la foule, le peuple. Le populisme comme Viagra de toute frustration politique. La farce du destin.

Juste après la Seconde Guerre mondiale, des populistes siciliens ont échauffé bien des esprits de l'île en demandant sa sécession, en arrivant à imaginer son rattachement aux États-Unis d'Amérique. Dans ce cas précis, les intérêts mafieux n'étaient pas étrangers à l'appel populiste.

Mais la forme classique du populisme de l'après-guerre a été le mouvement « L'Uomo qualunque », d'où le mot italien « qualunquismo », qui exprime envers la politique et les idéologies une méfiance frôlant le mépris. Dans le langage commun de la politique italienne, « qualunquismo » peut-être synonyme de « poujadisme ». En décembre 1944, l'hebdomadaire *L'Uomo qualunque* (l'homme ordinaire ou, si l'on préfère, l'homme normal) qui commence à paraître à Rome obtient un grand succès. Il approche, en 1945, le million d'exemplaires. Dans cette période d'exaltation de la Résistance, ce journal condamnait le fascisme tout en exprimant beaucoup d'ironie vis-à-vis de ceux qu'il appelait « les antifascistes de métier » et les résistants de la dernière heure. L'Italie essayait de construire une démocratie moderne et les « qualunquisti » dénonçaient les partis dans leur ensemble. Tous pourris. Tous les mêmes. Tous prêts à nous augmenter les impôts (ils n'imaginaient certainement pas que 60 ans plus tard le prélèvement fiscal italien serait arrivé jusqu'à 44 % du PIB). Le succès du journaliste Guglielmo

Giannini (Pozzuoli, Campanie, 1891 – Rome, 1960), fondateur de l'hebdomadaire, a été sensationnel. Un sensationnel feu de paille. Aux élections de 1946, pour choisir l'Assemblée constituante, le parti de Giannini, le « Fronte dell'Uomo qualunque », a obtenu 1,2 million de voix (5,3 %) et 30 députés sur 556 (dont le même Giannini). Ensuite ses électeurs ont migré vers l'extrême droite néofasciste du Movimento sociale italiano (MSI) ou vers le centre (en particulier la DC).

Début des années 1990, le mouvement de la Ligue du Nord d'Umberto Bossi est devenu une usine à gaz de discours populistes, parfois ouvertement contradictoires entre eux. Mais pour les populistes, la cohérence est un gadget. Comme le GPS sur les voitures. Si tu le veux, tu paies, mais il t'enlèvera beaucoup de frissons. Comme celui de perdre ton chemin. Le dernier-né des populismes à la sauce tomate est celui de l'ex-acteur comique Beppe Grillo (je devrais dire populisme au pistou parce qu'il vient de Ligurie). Grillo a créé son Movimento 5 stelle (Mouvement 5 Étoiles), qui s'en prend à tout et à tous : au Parlement, au président de la République, à l'Europe, à la construction d'incinérateurs et (j'imagine) à la force de gravité, à l'urticaire et aux arbitres de football (qui en effet donnent parfois de l'urticaire). Encore une fois, on met tout ensemble, dans un incroyable fatras intellectuel. Beppe Grillo, né en 1948 à Gênes, est un acteur comique, très connu grâce à ses prestations télé. Il a joué de façon très efficace sur le lien télé-politique et il a parié ensuite, de façon encore plus efficace, sur la possibilité de propagande qui dérive de l'Internet. Son site personnel est l'un des plus fréquentés d'Europe. Le « Verbe 2.0 » est l'âme du « Mouvement 5 Étoiles », le parti politique « personnel » de Beppe Grillo (qui, comme l'on a déjà vu, a dépassé les 25 % des voix à l'occasion des élections législatives de février 2013). Encore une fois, le populisme relance l'idée du rapport personnel entre le chef et le peuple. Et cette fois, il bénéficie en plus de la popularité télévisuelle, largement cultivée.

L'essentiel – lui – ne change pas : le contrôle du parti par une personne, un élément que se reprochent mutuellement ces chers ennemis : Beppe Grillo et Silvio Berlusconi. Dans leurs partis le libre débat risque d'être considéré comme un crime de lèse-majesté. Berlusconi a continué d'utiliser à plusieurs reprises l'arme du populisme. Début 2013, sa campagne électorale est dominée par la chanson *Meno male che Silvio c'è !* (*Heureusement que Silvio est avec nous !*, chante comme un seul homme le peuple berlusconien). L'affirmation « Berlusconi est comme Mussolini » est une bêtise immense et c'est une insulte au peuple italien et à sa démocratie. Par contre on peut tranquillement constater que dans la communication de Mussolini, de Berlusconi et aussi de Grillo il existe les éléments de la « sacralisation du chef », de la relation directe chef-peuple et de la méfiance systématique vers les élites traditionnelles.

De l'expérience italienne – vieille et récente – du populisme se dégagent huit enseignements :

1) *L'explosion du populisme révèle l'existence de problèmes très sérieux dans la vie politique, économique et sociale d'un pays. Si un pays n'est pas en crise, le chemin des populistes est bien difficile.* Pendant les années 1990, à la base du succès de la Ligue du Nord du populiste Umberto Bossi, nous trouvons la corruption politique (révélée par l'enquête « Mains propres »), la désorientation d'une partie de l'opinion publique vis-à-vis du phénomène nouveau de l'immigration (qui a poussé certains dirigeants de ce parti à exprimer des positions lourdement xénophobes) et le problème fiscal. Entre les années 1970 et les années 1990, le prélèvement fiscal a augmenté de façon impressionnante en Italie. La disparité entre les différentes régions du pays a rendu

ce changement particulièrement dur pour le Centre et le Nord de la péninsule. À la base du succès de Beppe Grillo en 2013, on trouve la crise morale des partis traditionnels et les révélations au sujet de la corruption dans la période d'une crise économique sans précédent depuis la Seconde Guerre mondiale. La Ligue du Nord, qui vingt ans plus tôt avait exploité son rôle de force nouvelle anti-corruption, a perdu un million et demi de voix à l'élection législative de février 2013 suite aux révélations sur ses propres liens avec les milieux de la corruption (avec même des situations grotesques, comme l'achat de la part du fils d'Umberto Bossi d'un diplôme dans une université albanaise : le fils du leader anti-immigrés a dû émigrer à Tirana pour faire croire qu'il avait terminé ses études !).

Voilà la fin d'un certain populisme « moralisateur », arrivé à se nourrir d'argent opaque et aussi du financement public aux partis politiques. Le passage, dans les régions du Nord, de beaucoup de votes de la Ligue à Grillo a quand même montré la persistante sensibilité aux sirènes populistes de la part d'une opinion publique italienne, martyrisée par le cocktail crise-fiscalité-corruption. Pendant la campagne électorale italienne de 2006, la déception populaire a bénéficié à l'homme, symbole de la « renaissance morale » de 1992 : l'ex-juge Antonio Di Pietro (Montenero di Bisaccia, Molise, 1950), déjà substitut du procureur de la République à Milan et âme de l'enquête « Mains propres ». Mais sa gloire politique n'a pas fait long feu. Après avoir créé, en 1998, son propre parti « L'Italia dei Valori » (L'Italie des Valeurs) et avoir été deux fois ministre dans les gouvernements de centre gauche de Romano Prodi (en 1996 et en 2006-2008), Di Pietro et sa formation ont été balayés par une série de révélations journalistiques au sujet d'intérêts personnels dans la gestion de l'aide publique aux partis politiques. Le succès populiste de Beppe Grillo s'explique donc également par la déroute de ces vieux moralisateurs (comme Di Pietro) ou présumés tels (comme la Ligue du Nord, qui avait bénéficié de la réaction populaire aux scandales antérieurs à 1992). Le mot d'ordre est désormais « tous pourris ».

2) *Même s'il est le symptôme d'autres « maladies », le populisme peut provoquer à son tour des problèmes encore plus graves que la « maladie » originale.* Le succès du mouvement mussolinien, dont la composante populiste était évidente, a été engendré par la terrible crise d'après la Première Guerre mondiale. Mais la « thérapie » qu'il a imposée au pays a été pire que le mal. La dictature a embarqué l'Italie dans l'aventure coloniale, dans l'alliance avec Hitler et à sa catastrophique intervention dans la Seconde Guerre mondiale.

3) *Un mouvement populiste a vocation à se considérer comme le « grand justicier » de la politique et il affiche l'intention de détruire l'establishment des « tous pourris ».* Lors de son interview, publiée le 10 mars 2013 par le quotidien gratuit italien *Metro*, Grillo résume sa stratégie en ces mots : « La démolition a commencé ». Le but est clair : démolir. La logique du « Nous seuls contre tous les autres » fait la « fierté » (*sic* !) de Beppe Grillo en Italie et de Marine Le Pen en France. Pour indiquer la présumée uniformité de ses adversaires (malgré leur division droite-gauche) Grillo appelle le parti du centre gauche « PD sans L » (PDL étant le parti de Berlusconi). Comme si droite et gauche étaient égales, sauf une petite lettre « L ». À son tour Marine Le Pen utilise – dans le même but – l'expression UMPS. La crise économique accroît dans l'opinion publique la tentation du « tous pourris ». En avril 2013 (le 9 pour être exact) le plus à gauche des journaux télévisés italiens, celui de 19 heures sur la troisième chaîne de la RAI, propose un reportage sur les entreprises qui ferment au Piémont. On montre

une manifestation à Turin. Le journaliste pose la question « À qui la faute ? ». Réponse d'un manifestant : « Aux politiques ! ».

4) *Les nouvelles formes de populisme cherchent à se soustraire à une colocation politique précise.* Ni droite ni gauche est un élément clé de la stratégie de Beppe Grillo. La logique fondamentale du « tous pourris » se traduit ici dans celle du « tous égaux ». Ayant été particulièrement favorables à Grillo et à son Mouvement 5 Étoiles, les résultats électoraux du 24-25 février 2013 ont donné à leurs groupes parlementaires un rôle particulièrement important. On l'a déjà vu au moment de choisir les présidents des deux Assemblées. Au Sénat, où les urnes n'ont pas donné une majorité au centre gauche, il y avait deux candidats à la fonction présidentielle : le président sortant du Sénat, le berlusconien Renato Schifani (Palerme, 1950) et le représentant du PD Pietro Grasso (Licata, Sicile, 1945). Deux Siciliens, l'un du côté du vieux pouvoir de l'île et l'autre ex-juge en première ligne contre la Mafia, forcé depuis des années à vivre sous escorte dans l'espoir d'échapper à la vengeance de cette dernière. Les consignes de vote de Grillo étaient contraires à choisir entre ces deux personnages, mais une minorité de ses sénateurs (en particulier ceux venant de Sicile) a voté Grasso avec la gauche, en lui permettant d'être élu.

5) *Une vague de populisme peut se déclarer dans n'importe quel pays, mais ses conséquences varient selon la solidité de ses institutions et de l'attachement de l'opinion publique à celles-ci.* Suite à la « Marche sur Rome » du 28 octobre 1922 et à la faiblesse du roi Victor-Emmanuel III de Savoie, Mussolini obtient la responsabilité de chef du gouvernement. La fragilité des institutions lui a permis de conquérir le pouvoir. L'Italie du XXIe siècle n'est évidemment pas celle de 1922. Ses institutions sont (malgré tous leurs problèmes) beaucoup plus solides et représentatives. Heureusement les Italiens veulent défendre les institutions nées

de la Résistance et de la Constitution, entrée en vigueur le 1er janvier 1948. La démocratie italienne a plein de défauts, mais il ne faut jamais oublier qu'elle est une démocratie et – comme le dirait Churchill – on n'a pas encore trouvé mieux pour la remplacer. Sans doute pas les populismes.

6) *Les nouvelles (et futures) formes de populisme ont vocation à exploiter le plus possible la présumée « démocratie directe », liée aux nouvelles technologies informatiques.* Beppe Grillo a compris avant les autres le potentiel politique lié à l'utilisation de la Toile et il a tissé année après année sa propre toile d'information et de mobilisation, en exploitant ses dons personnels de comédien comique et en faisant largement recours à un mélange ironie-démagogie. Le plus moderne des médias s'est associé à merveille avec la plus ancienne des formes rhétoriques. Il est évident qu'à l'avenir les populismes chercheront – comme l'a fait Grillo – à utiliser le plus possible les nouvelles technologies. La relation directe du chef avec le peuple passera de plus en plus par le Web. Mais les succès électoraux du Mouvement 5 Étoiles ont montré que ce jeu n'est pas simple à gérer. Grillo a promis de rendre visible en direct sur Internet les réunions des responsables et des parlementaires de sa formation politique, mais – à la première manifestation de désaccord avec lui – il a fait marche arrière. Qui plus est, le Web a permis à la composante critique de sa base d'exprimer ses opinions et donc de mettre en difficulté son *leadership* absolu.

7) *Les mouvements populistes exaltent la participation des militants, mais sont souvent organisés sur une base très autoritaire. « Credere, obbedire, combattere »* (croire, obéir, combattre) était le slogan fondamental du fascisme. Quand ils s'appuient sur la célébration du rôle charismatique du chef, l'homme du destin, les populismes ont tendance à reproduire ces mêmes concepts dans leur vie quotidienne, même s'ils se

présentent comme la « voix du peuple » et qu'ils proposent des formes de « démocratie directe », destinée à remplacer la vieille « démocratie pourrie ». En se considérant comme les nettoyeurs de la société, sur la base du « Verbe » du chef, les adhérents à certains mouvements populistes pensent que la désobéissance est le plus grave des péchés. Tant qu'il a pu, Umberto Bossi a chassé celles et ceux qu'il considérait comme dangereux, y compris Irene Pivetti (exclue en 1996), que lui-même avait voulu comme présidente de la Chambre des députés au lendemain de la législative de 1994. Le dissident doit s'en aller d'une façon ou d'une autre. Après Bossi, Beppe Grillo a offert plusieurs manifestations de cette attitude. Le chef populiste n'accepte pas le doute de ses fans. Il ne tolère pas la tolérance.

8) *Les populistes veulent créer plus d'émotions que proposer des raisonnements.* Les populismes se renforcent suite aux mauvaises humeurs présentes dans les milieux « cachés » de la société (cachés surtout aux yeux de ceux qui ne veulent pas les voir). Les nouveaux médias nés sur la toile sont des usines à émotions. Grâce à l'utilisation douteuse d'images parfois fausses ou inexactes, la télé et le web peuvent créer des émotions authentiques. On peut comprendre l'intérêt énorme que les nouveaux populismes ont pour ces médias, qui jouent volontiers avec les malaises de la civilisation. Sigmund Freud nous parle d'un « Moi qui se détache du monde extérieur ». Avec tout mon respect, j'ai envie de dire qu'une certaine utilisation de la télé et du net rend le « Nous » un peu trop attaché au monde extérieur. Surtout à une image douteuse de celui-ci.

Télé-cobayes

L'écrivain et scénariste Ennio Flaiano (Pescara, 1910 – Rome, 1972) a été l'un des personnages essentiels du cinéma italien de l'après-guerre. Il a collaboré étroitement avec Fellini pour les scénarii de plusieurs films (y compris *La Dolce Vita*). Peu avant sa mort, il a dit : « Dans 30 ans l'Italie ne sera pas comme l'auront voulue les gouvernements, mais à l'image que lui aura façonnée la télévision » (« *Fra trent'anni l'Italia sarà non come l'avranno fatta i governi, ma come l'avrà fatta la televisione* »). Une vraie prophétie car pendant près de trente ans (Flaiano parlait au début des années 1970), l'Italie a été un « laboratoire », où l'on a pratiqué beaucoup d'expériences, au risque d'engendrer quelques petits monstres. Le monde entier s'est penché sur l'Italie et s'est interrogé sur cette expérience « télé-politique ». Ensuite, d'autres pays ont malheureusement copié certaines facettes de la télé à l'italienne. Pas les meilleures – comme certaines émissions de qualité, produites en particulier par la RAI – mais plutôt les plus consternantes et aussi les plus vulgaires.

Le corps médical à ses débuts utilisait (comme par hasard) des personnes parmi les plus humbles, les plus pauvres et les plus seules pour réaliser des expériences scientifiques (ou présumées telles). Ces médecins disaient, en bon latin, pratiquer une expérience *in corpore vili*, c'est-à-dire sur un corps n'ayant pas grande valeur (peu importe si, pour l'intéressé, le corps en question avait une valeur inestimable, étant le seul dont il disposait). Voilà la naissance des cobayes humains. Ce n'est pas sans raison si les Italiens se sont retrouvés à tester *in corpore vili* les effets du pouvoir des ondes, se transformant en un peuple de cobayes de la communication et réaffirmant ainsi leur utilité pour l'ensemble du genre humain. La cause se trouve dans l'attitude de l'État italien, qui parfois oublie tout simplement de légiférer (ou de faire respecter les lois) par rapport à des sujets d'une importance capitale pour la vie sociale. Si, à cet oubli, se rajoutent des intérêts privés, capables d'exercer une influence bien concrète sur le niveau de vie de certains représentants des institutions, le résultat est garanti : approximation + corruption = soumission de l'État aux plus « entreprenants » parmi les entrepreneurs privés. On l'a bien vu dans le secteur de la télévision.

« Au commencement était le Verbe », dit saint Jean dans le prologue de son Évangile. Au commencement de notre histoire, il y avait le verbe de la télévision publique italienne, la RAI, qui a entamé ses émissions régulières en janvier 1954. Si saint Jean nous parle du Verbe chrétien, sensible aux besoins de l'humanité dans son ensemble, la RAI portait le verbe démocrate-chrétien, lié à des intérêts bien plus étroits. À la fin des années 1970, les progrès technologiques permettent un vaste développement des chaînes de radios et de télévisions et, dans la plupart des États, des lois organisent et contrôlent tout ce petit monde. En Italie, rien de tout cela. L'Italie des années 1980 (dominée par la relation aigre-douce entre les démocrates-chrétiens Giulio Andreotti et Arnaldo Forlani, et le leader socialiste Bettino Craxi ; la célèbre entente du CAF, sigle regroupant ces trois noms) devient ainsi le bouillon de culture d'une expérience que l'humanité aurait eu intérêt à développer en laboratoire pour éviter que les résultats de ces recherches se propagent dans l'air en devenant de plus en plus difficiles à maîtriser. C'est l'expérience d'une gestion presque sauvage de l'audiovisuel, qui a donné un pouvoir énorme à l'individu Silvio Berlusconi, sorti gagnant de la « guerre des ondes » (et aussi de la guerre pour mettre la main sur une bonne partie des recettes publicitaires), au point qu'il est devenu – comme on vient de le voir – le refondateur de la droite italienne et chef du gouvernement. La télévision n'a pas été la seule ni probablement la principale raison de son pouvoir, mais elle a largement contribué à son affirmation. La télé a été un moyen pour lancer des slogans qui se sont révélés efficaces. Surtout celui de la « révolte fiscale » et de la méfiance envers les partis politiques traditionnels.

Les débuts ont été presque pittoresques. Dans la seconde moitié des années 1970, en Italie, on avait des radios privés (qu'on appelait « radios libres ») pratiquement partout. Il y en avait pour tous les goûts, sans trop besoin d'autorisation, de garanties bancaires et de paperasse administrative. Tu voulais faire une radio ? Quatre amis, trois sous et tout s'arrangeait. Il y avait la radio d'extrême gauche et la radio religieuse, celle qui proposait des blagues stupides et celle qui parlait de la nécessité d'une loi pour autoriser l'avortement (qui a été autorisé par la loi en 1978).

Dans chaque ville, au moins une radio parlait de sport et surtout de football. Dans une ville de cent mille habitants, comme Novare, il était normal d'avoir cinq ou six « radios libres » et tout le monde (de l'ouvrier à l'avocat) adorait la sensation inédite de passer à l'antenne. Une fois, j'ai appelé mon ami Giulio et son épouse m'a répondu : « Tu peux l'écouter à la radio ». Elle aurait eu la voix moins émue si elle m'avait annoncé qu'il était au sommet de l'Everest. Quand, le soir, je rentrais de Milan à Novare, j'allais dans les studios de « radio Kabouter », la petite radio que j'avais contribué à créer, où les murs étaient couverts de vieilles boîtes d'œuf (dans le but d'éviter les échos). Si le micro était disponible, je commençais à parler de tout et de rien. Politique, musique, football. Je partageais le micro avec des amis qui se trouvaient sur place, souvent par pur hasard. La « grille des programmes » était pratiquement inexistante. Certains allaient à la radio comme au bistrot. Un verre (deux c'était mieux) et un passage au micro. Histoire de se retrouver entre amis. D'autres pensaient faire quelque chose d'extraordinaire. Le public, bien que très limité, appelait volontiers le standard. Parfois pour passer à l'antenne, via le téléphone, et parfois pour parler en privé avec les animateurs. Il y avait un bon équilibre entre insultes et compliments. Une fois, j'ai reçu, au standard de la radio, l'appel privé d'une femme à la voix séduisante, qui m'a proposé de prendre un apéritif ensemble. En le buvant, elle m'a avoué être mariée avec un boucher particulièrement jaloux. Il n'y a pas eu de second apéro. Au micro, on parlait d'Andreotti, Berlinguer, Brejnev, Deng Xiaoping et d'un président américain nommé (si je ne me trompe pas) Carter. On mettait des tubes de Mina, Milva, Enzo Jannacci, Francesco Guccini, Francesco De Gregori, Fabrizio De André, Leo Ferré, Riccardo Cocciante, Lucio Battisti, Lucio Dalla, Paolo Conte et pourquoi pas Rita Pavone ou Domenico Modugno. Mon amie Rita était un volcan d'idées pour les émissions. Piero, journaliste scientifique, expliquait les choses de la Terre et de l'espace. Un jour il a parlé du shuttle, la « future navette américaine » qui selon certains pacifistes italiens aurait favorisé une nouvelle guerre mondiale, en permettant aux méchants Américains d'amener en orbite des armes monstrueuses. Heureusement ils se sont trompés.

Ce havre bucolique résidait au milieu d'une vraie jungle. Celle de l'audiovisuel italien. Dans la jungle, c'est la loi du plus fort qui prévaut. Le plus fort est celui qui arrive à manger ou à intimider les autres. Les grands groupes éditoriaux ont créé à l'époque leur chaîne télé. En particulier les groupes Rusconi et Mondadori ont lancé début 1982 les chaînes Italia 1 et Rete 4, qui tombent dans l'escarcelle de Silvio Berlusconi (déjà propriétaire-fondateur de la chaîne Canale 5) respectivement en 1982 et en 1984. À partir de ce moment, la force de Berlusconi est de disposer en même temps de trois chaînes télé et d'une grande agence publicitaire : Publitalia, dirigée par Marcello Dell'Utri (Palerme, 1941).

Mais revenons au rôle « scientifique » des Italiens en tant que cobayes de la nouvelle forme de télé-réalité politique. C'était le début des années 1980 et à l'intérieur de la RAI (le « service public » audiovisuel, financé par la redevance et par la publicité) le poids du Parti socialiste (PSI), dirigé par Bettino Craxi, n'arrêtait pas de grandir. Craxi et compagnie occupaient le maximum de places à tous les niveaux de la RAI, en aidant en même temps Berlusconi, c'est-à-dire le grand rival de la RAI. Le lien Craxi-Berlusconi s'est également manifesté en France. En 1985, Berlusconi obtient sa consécration internationale lorsque la République française (rien de moins) l'invite à créer la nouvelle chaîne privée, La Cinq, avec l'entrepreneur Jérôme Seydoux. La presse française parle, avec un certain mépris, de « télé spaghetti », en montrant une fois de plus qu'elle a des connaissances limitées en matière de gastronomie italienne (les spaghettis peuvent être exquis).

En 1986, Matignon change de couleur. Le nouveau Premier ministre est le même Jacques Chirac qui venait de définir Berlusconi comme « un marchand de soupes italien », en mêlant une fois de plus le mépris pour l'homme à celui pour la gastronomie italienne. La volubile Marianne décide de réattribuer les deux chaînes télé privées gratuites, c'est-à-dire la 5 et la 6. Craxi arrive à Paris, où il rencontre le président Mitterrand et « son cohabitant », le Premier ministre Jacques Chirac. Il arrive à convaincre celui-ci de garder Berlusconi dans la future 5. Les titres de propriété des chaînes privées sont donc réattribués en bonne et due forme : Berlusconi garde sa place de vice-président de la Cinq avec 25 % du capital, soit le niveau maximal permis par la nouvelle loi française, à égalité avec son nouvel associé, l'éditeur du *Figaro*, Robert Hersant, ami et grand supporter de Chirac (qui considère désormais la soupe berlusconienne comestible). Seydoux ne conserve que 10 %, mais il reste tout de même dans le capital de la chaîne. L'homme de droite Hersant remplace l'homme de gauche Seydoux dans le fauteuil de président. Ensuite, La Cinq connaîtra d'autres mutations qui n'empêcheront pas son échec. L'expérience française n'a pas été un véritable succès pour Berlusconi, mais elle a montré la force de sa liaison avec Craxi.

À la fin des années 1980, Berlusconi se concentre à nouveau sur l'Italie et sur la grande relance de ses trois chaînes de la péninsule : le vaisseau amiral Canale 5, ensuite Rete 4 (beaucoup de films et de séries télé) et Italia 1 (beaucoup de sport). Sa relation avec Craxi, plus solide que jamais, se matérialise dans une loi qui consacre le contexte existant dans l'audiovisuel national. Une loi rendue nécessaire par l'Europe. La directive CEE 552 de 1989, dite « Télévision sans frontières », ne laisse pas le choix au Parlement italien qui doit intervenir. En août 1990 (et seulement à ce moment), l'Italie se dote de sa première loi organique définissant de façon complète les règles dans le secteur audiovisuel. Les jeux sont faits. L'État a légiféré. Les équilibres nés de la loi de la jungle ont été consacrés par la République italienne et par l'Europe. À cette époque, Berlusconi n'a aucunement l'intention d'entrer en politique. Bien des personnes et des partis sont prêts à la faire pour lui. Il franchira le Rubicon seulement en voyant – entre 1992 et 1993 – le déclin des fortunes de ses protecteurs socialistes (et aussi démocrates-chrétiens) suite aux enquêtes anti-corruption de la magistrature milanaise. Son empire est à ce moment très endetté. Pour Carl von Clausewitz, la guerre est la suite logique de la politique. Pour Berlusconi, la politique a été la suite logique du business. Logique, notamment après la mort politique de son ami Craxi.

Dans la télévision à la sauce berlusconienne (qui commence à devenir la règle de la télévision commerciale dans le monde entier), le spectacle et la publicité sont omniprésents et omnipotents. En particulier, ils prévalent sur l'information. Cette dernière devient à son tour spectacle et elle est considérée « bonne » si elle arrive à étonner le spectateur, en faisant au passage la propagande chère aux intérêts du chef. Le but est exactement celui-ci : étonner et amuser. L'information est un jeu et un spectacle, où réalité et fiction se mélangent dans une confusion totale, camouflant la vérité tout en donnant l'impression de la comprendre avec une extrême facilité. De la même façon qu'une photographie peut donner l'impression d'une vérité absolue, alors qu'elle n'est qu'un faux ou un montage. Ainsi le spectateur, peu avisé, croit toujours saisir des vérités, sans comprendre qu'il vit dans un univers de mensonges. D'ailleurs, le fait que le spectateur puisse ou non comprendre la réalité est absolument secondaire. La télévision commerciale n'est pas une clé pour comprendre, mais un moyen pour rêver (encore une fois cette idée du rêve, si chère aux Italiens !) ou pour se laisser emporter vers une autre dimension, un monde magique, une « *second life* ».

Les débats politiques style RAI-ORTF étaient certes bien figés, mais à leur façon ils étaient sincères. La présumée télé-vérité de l'époque suivante est pire. Dans le but de paraître « authentique », le débat devient vulgaire et violent. Les participants s'insultent dans une atmosphère de rixe de bistrot. Les débats sur les sujets politiques, moraux et sociaux ressemblent de plus en plus à ceux entre les *tifosi* des différentes équipes de football, où le parti pris prend la place de toute chance d'utiliser la raison. Et le modèle de tout cela est la « télé réalité », qui devrait proposer l'image de la vie réelle et qui – par contre – transforme la vie réelle (en général assez peu spectaculaire) en pur et simple show, en créant de façon artificielle des polémiques, des insultes, des amours, des trahisons, des haines, des jalousies, des rixes. Cela se passe dans les émissions style « Big Brother » – avec les caméras qui proposent au public d'observer la vie en commun d'un groupe de personnes présumées « normales », forcées de vivre ensemble sur une île tropicale ou dans une maison de campagne – et cela se passe également dans les émissions politiques. En même temps, les émissions de variété sont de plus en plus vulgaires dans leur langage et dans leur présentation, presque « commerciale », du corps féminin.

Les Italiens ont été des cobayes, mais désormais une certaine conception « italienne » de la télé est diffusée partout dans le monde. Dans la péninsule les choses se sont un peu améliorées avec l'arrivée de nouvelles chaînes nationales, capables de s'engager efficacement sur le terrain de l'information et de favoriser le pluralisme. C'est le cas de « la 7 », crée en 2001 par le groupe Telecom Italia et passée ensuite (2013) sous le contrôle du Groupe Cairo Communication. C'est aussi le cas de la chaîne satellitaire Sky, appartenant au groupe Murdoch.

« *Amor vincit omnia* »

« Le charme de l'Italie est parent de celui d'aimer », disait Stendhal. « *Amor vincit omnia* », « L'amour triomphe de tout » est un proverbe latin et aussi le titre d'un tableau de Michelangelo Merisi da Caravaggio, dit Le Caravage (Milan, 1571 – Porto Ercole, Toscane, 1610), conservé au Staatliche Museen de Berlin. Il s'agit d'une œuvre magnifique en soi, et également remarquable par son défi joyeux aux conventions de l'époque (orientées sur l'utilisation de l'art au bénéfice de la religion). Caravage choisit comme modèle son propre valet, Cecco Boneri, qui était probablement aussi son amant. Le malicieux zizi de Cecco, bien au centre du tableau, caresse du regard les visiteurs du musée de Berlin. Dans ce tableau, Caravage célèbre le triomphe de l'amour sur la musique et les arts parce que ceux-ci ne sont rien sans les sentiments, sans l'amour. Eh oui, *amor vincit omnia*. L'amour vaut bien plus que l'argent (mais ne le dites pas à nos gouvernants, sinon ils créeraient un impôt sur les sentiments).

L'amour gagne contre les préjugés. C'est l'histoire d'un homme respectable, qui se lie à la prostituée qui lui a donné un enfant et aussi aux autres fils de cette femme, dont on ne connaît pas le père. Dans *Matrimonio all'italiana, Mariage à l'italienne* (1964), Vittorio De Sica dirige Marcello Mastroianni

(Fontana Liri, Latium, 1924 – Paris, 1996) et Sophia Loren (Rome, 1934), dans l'une de leurs plus belles interprétations. L'expression « à l'italienne » continue de donner une sensation de légèreté dans un cadre assez lourd. Une sensation d'approximation. Un équilibre entre comédie et tragédie. Les deux riment avec « vie ». Dans ce film, De Sica reprend un classique du théâtre napolitain : *Filomena Marturano*, un chef-d'œuvre écrit en 1946 et interprété par Eduardo de Filippo, d'abord au théâtre et ensuite sur grand et petit écran. Eduardo a été le protagoniste des premières représentations théâtrales et de la première version cinématographique (1951). Titina, la sœur d'Eduardo, a été la première Filumena, l'ex-prostituée, mère de trois enfants, dont un (mais elle ne dira jamais lequel) est le fils de son compagnon, riche et méprisant à son égard. Il l'a toujours traitée avec distance, en payant ses prestations sexuelles. Mais la seule condition pour aimer son fils est celle de les aimer tous les trois. Sans faire de distinction. Les trois fils d'une prostituée, qui méritent – tous ou alors aucun – d'avoir leur chance dans la vie.

Dans le film de De Sica, Mastroianni est le riche séducteur Domenico Soriano et Sophia Loren l'ex-prostituée, prête à tout pour éviter les discriminations entre ses trois enfants. Célèbre est la phrase que Filumena dit à Domenico en lui restituant le même billet de cent lires que l'homme lui avait donné le jour où il l'avait mise enceinte. Une prémonition lui avait suggéré de garder ce billet. Elle le redonne à son séducteur en disant : « *Una sera mi dicesti "Filomè, facciamo finta di volerci bene" ; io quella sera ti ho voluto bene veramente ! Tu no, tu avevi fatto finta. E quando te ne andasti, mi regalasti la solita 100 lire. Tié. I figli non si pagano* ». (« Un soir tu m'as dit "Filumena, faisons comme si on s'aimait". Moi ce soir-là, je t'ai vraiment aimé. Toi tu as fait semblant. Quand tu es parti, tu m'as donné les cent lires habituelles. Reprend cet argent. On ne paye pas les enfants ! »).

« *La più divina delle poesie è quella, amico, che c'insegna amare* » (« La plus divine des poésies est celle, ô mon ami, qui nous apprend à aimer »), chante Rodolfo dans la Bohème de Giacomo Puccini. « *Amare è dolce ancora più del miele* » (« Aimer est encore plus doux que le miel »), répond la femme aimée, Mimì. L'Italien aime l'amour parce qu'il aime la vie. Quand l'homme italien voit passer une jolie fille il pense « Voilà la démonstration de l'existence de Dieu » et il éprouve l'envie d'exprimer à la fille en question sa sincère admiration et à Dieu sa profonde gratitude. Cette deuxième opération est beaucoup moins risquée que la première. À la fois parce qu'elle est silencieuse et parce que l'Éternel est susceptible d'apprécier la gratitude de ces petits et bizarres insectes humains qu'Il a eu la bonté de créer. Par contre, la fille peut réagir par un geste d'énervement au sifflet ou au compliment de l'homme italien, dont elle vient de rallumer l'inépuisable force d'imagination érotique. Heureusement, certaines femmes adorent ce petit jeu de compliments de rue à l'italienne et, si les limites du bon sens et de la bonne éducation ne sont pas dépassées, y trouvent une raison pour sourire. En réalité l'attitude « machiste » de l'homme italien vis-à-vis de la femme cache les vieux complexes d'un peuple paysan et catholique vis-à-vis de la sexualité.

En 1963-1964, l'écrivain, poète, réalisateur et acteur Pier Paolo Pasolini (Bologne, 1922 – Rome, 1975) a fait le tour de l'Italie pour demander à des personnes absolument normales et de tout âge de répondre à des questions sur l'amour et le sexe. Des questions qui, aujourd'hui, paraissent banales mais qui, dans l'Italie de l'époque, avaient l'air d'un défi, d'une provocation, presque d'un scandale. Les destinataires des questions de Pasolini étaient surtout des hommes et des femmes d'origine populaire, expression d'un pays encore très agricole et énormément conditionné par l'Église. Le film-documentaire *Comizi d'amore* (*Enquête sur la sexualité*, en sa version française), sorti en 1965, commence par la question « Comment naissent les enfants ? », adressée à un groupe d'enfants. Première réponse : « J'ai oublié ! ». Pasolini pose des questions sur l'homosexualité, mais les réponses expriment une fermeture totale à cet égard de la part de ses nombreux interlocuteurs. L'Italie démocratique a hérité de l'Italie fasciste d'un vrai blocage sur ce sujet. Dans le film *Una giornata particolare* (*Une journée particulière*, 1977, avec Marcello Mastroianni et Sophia Loren), le réalisateur Ettore Scola (Trevico, Campanie, 1931) nous propose la courte histoire d'un amour impossible et des persécutions homophobes dans les années de la dictature fasciste (et dans la journée très particulière de la visite d'Hitler à Rome le 6 mai 1938).

L'amour de *Comizi d'amore* est aussi l'amour de Pasolini pour une Italie paysanne, simple et, selon lui, sincère. Authentique. Une Italie où tradition, religion, machisme, frustrations et présumé « sens de l'honneur » se mélangeaient dans un cocktail parfois attendrissant et parfois explosif. L'amour de Pasolini pour cette Italie, vraie et naïve, se mêlait aux déceptions face à un progrès qu'il ne considérait pas digne de ce nom. Mais ce progrès était bien là. L'Italie de *Comizi d'amore* coïncide dans le temps et dans l'espace avec celle de la nouvelle richesse, du luxe et des fanfaronnades de la période du « Miracle économique », à cheval entre les années 1950 et 1960. Ces deux Italies se croisent sans jamais vraiment se rencontrer. Sans communiquer. Dans l'Italie du nouveau luxe, ivre de son argent et de ses rêves, l'idée d'amour rime – parfois de façon grotesque – avec celle du succès et du bling bling. C'est l'Italie exubérante et pleine d'excès que Federico Fellini (Rimini, Émilie-Romagne, 1920 – Rome, 1993) nous propose dans son film inoubliable *La Dolce Vita* (1960) avec Marcello Mastroianni et Anita Ekberg, une Suédoise de 28 ans que les Italiens ne pouvaient que siffler à son passage (surtout si elle vient de prendre son bain dans la fontaine de Trevi). Les seins débordants d'Anita font rêver Fellini et toute l'Italie au masculin. Quel symbole de tendresse et d'érotisme en même temps ! Le grand réalisateur de Rimini reviendra sur ce sujet si rassurant dans d'autres films et surtout dans *Amarcord* (1973), le récit de ses souvenirs d'adolescent, où, on peut voir le personnage aux formes solaires, souples et majestueuses de la marchande de tabac. Ce rôle était interprété par la comédienne Maria Antonietta Belluzzi (123-88-132 ne sont pas ses numéros préférés, mais ses mensurations). Maria Antonietta, décédée en 1997, a passé le restant de sa vie dans le culte de ce film, c'est-à-dire dans le souvenir des souvenirs de Fellini.

Le cinéma d'après-guerre a rendu populaire dans le monde entier le cliché de la beauté féminine à l'italienne, aux seins généreux, exprimée en particulier par Gina Lollobrigida (Subiaco, Latium, 1927) et par Sophia Loren. Il suffit de penser à Marylin et à Brigitte pour comprendre que cet aspect de la beauté féminine n'était pas une exclusivité italienne. Mais, dans le cas italien, nous avons une véritable exaltation d'un modèle de « femme méditerranéenne » entre esthétique, éthique et philosophie.

Silvana Mangano (Rome, 1930-Madrid 1989) est la protagoniste de l'un des chefs-d'œuvre du néo-réalisme : *Riz amer* (1949) de Giuseppe De Sanctis (Fondi, Latium, 1917 – Rome, 1997), témoignage des luttes sociales des « *mondine* », les travailleuses saisonnières autrefois employées en Piémont et Lombardie dans la culture du riz. Elles se sont battues avec courage et succès contre le caractère inhumain de leurs horaires de travail quotidien. Elles chantaient : *Se otto ore vi sembran poche*, une chanson devenue le symbole du syndicalisme italien. Voici le premier refrain : « Si huit heures/vous paraissent peu de chose/Allez travailler/et vous comprendrez la différence/entre travailler et commander ! ». L'affiche du film, mondialement connue, montre une Silvana Mangano fière à la fois de son travail, de sa lutte contre les injustices et de sa beauté. C'est peut-être la plus belle affiche de toute l'histoire du cinéma italien. Parfois la force de la femme nous montre le caractère tragique d'une réalité terriblement contradictoire. Le film *La Ciociara*, (titre français *La Paysanne aux pieds nus*), 1960, réalisé par Vittorio De Sica sur la base du livre éponyme d'Alberto Moravia (Rome, 1907 – Rome, 1990), nous raconte la tragédie d'une mère (Sophia Loren) et de sa fille adolescente, violées en 1944 par ceux qui se battent parmi les libérateurs : les soldats maghrébins engagés sous les drapeaux de la France libre. Le film est également interprété par Jean-Paul Belmondo, à l'affiche cette même année dans *À bout de souffle*, qui fera de lui le symbole de la Nouvelle Vague. Quant à Moravia, il était lui-même en 1944 en Cicociaria, terre agricole du Latium et il a donc eu des échos directs des tragédies liées à la guerre. Un autre personnage symbolique des femmes italiennes pendant la guerre est Anna Magnani (Rome, 1908 – Rome, 1973), protagoniste de *Roma, città aperta* (*Rome, ville ouverte*), 1945, de Roberto Rossellini (Rome, 1906 – Rome, 1977), où elle interprète le rôle d'une femme tuée par un nazi sous les yeux de son fils. L'amour demeure fondamental, mais dans le cas de ces personnages féminins, l'amour pour leurs enfants compte plus que tout autre chose.

L'amour peut même devenir un antidote à la maladie et à la mort. C'est l'histoire d'un Italien un peu particulier, qui a vécu à l'époque de la plus grande catastrophe de l'histoire européenne : la peste noire, qui entre 1347 et 1352 a tué un tiers (au moins) des habitants de notre vieille Europe. Et, c'est entre 1349 et 1351, que Giovanni Boccaccio, Boccace pour les

Français, écrit le *Décaméron*, une apologie à l'amour. Amour et érotisme dévoilés au sein des cent nouvelles, racontées par dix jeunes gens (sept filles et trois garçons) pendant dix jours. Ils ont fui la ville de Florence pour échapper à l'épidémie qui y fait des ravages. Réfugiés à la campagne, ils parlent d'amour. Un amour bien palpable car lorsque l'on risque de mourir d'un jour à l'autre, la peur de goûter au plaisir s'évanouit. *Carpe diem*, disait Horace. Cueille le jour présent sans te soucier du lendemain. Durant des siècles le chef-d'œuvre de Boccace a scandalisé certains « bien-pensants » tout en exaltant les esprits ouverts. Cette idée d'un amour-plaisir en réaction aux malheurs de la peste noire fait justice à toutes les hypocrisies dont la société adore se draper en temps ordinaire. Faire l'amour plaît aux femmes comme aux hommes, aux laïcs comme aux curés : « La jeune fille, qui n'était ni de fer ni de diamant, se plia fort aisément aux vouloirs de l'abbé », peut-on lire dans le *Décaméron*. Ce n'est pas un hasard si Pasolini, qui en particulier sur ce terrain adorait dénoncer les hypocrisies, a réalisé l'un de ses films les plus célèbres à partir de l'œuvre de Boccace (*Le Décaméron*, 1971).

Il était une fois un Anglais né en 1564 et mort en 1616. Il s'appelait William Shakespeare et il écrivait beaucoup. Quand il a décidé de parler de l'amour, c'est à l'Italie et à la ville de Vérone qu'il a pensé. L'histoire de Giulietta et Romeo a donné l'immortalité à une fille et un garçon devenus, grâce à sa plume, les symboles mondiaux et éternels de l'amour, contre lequel on ne peut pas lutter. « *La fossa già scaviam per te che vuoi sfidar l'amor* » (« Nous creusons déjà une tombe pour toi, qui ose mettre au défi l'amour ») chante la foule dans *Turandot* de Puccini, représentée pour la première fois au Théâtre La Scala de Milan, symbole de l'œuvre lyrique italienne et mondiale, le 25 avril 1926, sous la direction du maestro Toscanini (deux ans après la mort de Puccini). La scène en question se déroule en Chine, mais le concept selon lequel il ne faut jamais défier l'amour est tout à fait italien. Comme le dirait Shakespeare.

La langue italienne est née en chantant l'amour. Au XIIIe siècle Cielo d'Alcamo chante, dans l'un des tous premiers textes de la littérature italienne, la beauté de la rose pour exalter celle de la femme : « *Rosa fresca aulentissima ch'apari inver'la state, le donne ti disiano, pulzell'e maritate* » (« Rose fraîche odorante qu'on voit quand vient l'été, les dames te désirent, pucelles et mariées »). Le Prix Nobel de littérature Dario Fo en donne dans sa pièce *Mistero Buffo* (*Mystère bouffe*) une interprétation très érotique : la rose fraîche et parfumée n'a rien à voir avec la botanique. Il s'agit du sexe de la femme – et de la femme tout court –, merveille parmi les merveilles de la nature. La fille en question est pour Cielo d'Alcamo si séduisante que même les femmes, jeunes ou moins jeunes (« qu'elles soient pucelles ou mariées »), rêvent de faire l'amour avec elle. Il y a bien de la sensualité à la source de la littérature italienne. Cecco Angiolieri (Sienne, 1260 – Sienne, 1312) chante l'amour en critiquant (lui aussi) la politique de son époque. Il dit : « *S'i'fosse foco, ardere'il mondo ; s'i'fosse vento, lo tempestarei ; s'i'fosse acqua, i'l'annegherei ; s'i'fosse Dio, manderei l'en profondo... S'i'fosse Cecco, com'i'sono e fui, torrei le donne giovani e leggiadre : le vecchie e laide lasserei altrui* » (« Si j'étais feu, je brûlerais le monde ; si j'étais vent, je le balaierais ; si j'étais eau, je le noierais ; si j'étais Dieu, je l'enverrais dans les profondeurs... Si j'étais Cecco, comme je le suis et l'ai été, j'enlèverais les femmes jeunes et jolies, et les vieilles et laides je les laisserais aux autres »). En réalité, Cecco adorait toutes les femmes, qu'il considérait toujours comme « jeunes et jolies ».

Francesco Petrarca (Arezzo, 1304 – Arca, Vénétie, 1374), tout simplement Pétrarque pour les Français, chante l'amour de Laura, la petite Française qu'il a rencontrée – juste un regard, mais quel regard ! – un jour de Vendredi Saint, le 6 avril 1327, dans l'église de Sainte-Claire à Avignon. La jeune fille avait 17 ans et elle était déjà mariée. Malheureusement pour elle, Laura ne fera pas partie du groupe d'amis de Boccaccio, partis à la campagne pour fuir la peste. Laura contractera la maladie à Avignon et elle mourra en 1348. Les rimes écrites par Pétrarque en hommage à Laura (désormais décédée, mais pour toujours souvenir magique d'un moment unique) sont un vrai chef-d'œuvre. Lisez-les en italien parce que c'est de la musique :

Erano i capei d'oro a l'aura sparsi
che 'n mille dolci nodi gli avolgea,
e 'l vago lume oltre misura ardea
di quei begli occhi, ch'or ne son sì scarsi ;
e 'l viso di pietosi color farsi,
non so se vero o falso, mi parea :
i'che l'ésca amorosa al petto avea,
qual meraviglia se di sùbito arsi ?

Permettez-moi une traduction en forme de prose et en langage moderne : « Ses cheveux d'or étaient agités par le vent ; qu'en faisait plein de boucles, douces et charmantes ; et la lumière de ses yeux de rêve était aussi resplendissante à cet instant inoubliable, qu'elle deviendra si triste ensuite. Je ne sais pas s'il s'agissait ou non d'une illusion, mais j'ai vu son visage sensible à mon regard. Le regard d'un homme qui la désirait tellement : faut-il s'étonner si un instant m'a suffi pour brûler d'amour ? ». On a des frissons en pensant à cet élan amoureux et à cette femme blonde, morte de la peste à 38 ans. Il paraît que, six siècles plus tard, Pétrarque a eu une réincarnation « pop » en la personne de Ray Peterson, qui chanta : « *Tell Laura, I love her ; tell Laura I need her* ».

Comme Pétrarque, le chanteur américain avait du mal à dire directement à Laura qu'il l'aimait.

Dante envoyait les autres en enfer, mais il ne s'imaginait pas pécher en passant sa vie dans le rêve et le désir pour « sa » Béatrice, rencontrée quand il avait juste neuf ans. Amour précoce et un peu trop platonique pour les goûts de l'intéressé. Peu après la rencontre avec la Béatrice de ses fantasmes, le garçon doit revenir à la réalité : quand il a douze ans, on choisit pour lui la riche Gemma comme fiancée. Il se marie à vingt ans. Pas de Tanguy dans la Toscane du XIIIe siècle. Mais Béatrice reste dans son imagination et dans ses rimes. De Dante au cinéma du XXIe siècle le chemin est long. Mais il était normal qu'un film dont le titre est *Manuale d'amore* soit réalisé et interprété par des Italiens. En effet *Manuale d'amore* (comme s'il s'agissait d'un manuel scolaire ; le titre de la version en français est *Leçons d'amour à l'italienne*), du réalisateur Giovanni Veronesi (Prato, 1962), sorti en 2005, est devenu l'un des exemples classiques de la production cinématographique italienne de ce début de siècle, au point qu'il a été suivi par *Manuale d'amore 2* et *Manuale d'amore 3*. Le cinéma italien ne pouvait que donner à l'amour des manuels pour passer presque tous les examens.

Séduire, séduire, séduire

À côté d'une beauté féminine débordante et merveilleusement riche de significations, le cinéma italien – miroir de la culture contemporaine de la péninsule – adore proposer des personnages masculins pour lesquels amour rime avec séduction et avec érotisme. « Tu ne convoiteras point la femme de ton prochain, mais tu la séduiras quand même » est un précepte fondamental du catéchisme à l'italienne. L'homme italien aime s'imaginer en version macho, même quand il a du mal à abandonner ses habits d'enfant de chœur. Le cliché de l'« étalon italien » vient de loin. Molière choisit la Sicile comme terrain de séduction et de « conquête » de son *Dom Juan*. Ensuite, c'est le tour du *Don Giovanni* de Mozart sur un livret de Lorenzo da Ponte (Ceneda, Vénétie, 1749 – New York, 1838). L'action se déroule en Espagne, mais on chante en langue italienne. D'ailleurs, le terme « dongiovanni » entre dans la langue italienne pour signifier « hommes à femmes ». C'est le cas de Giacomo Casanova (Venise, 1725 – Duchcov, Bohème, 1798) et ensuite de Rodolfo (Rudolph) Valentino (Castellaneta, Pouilles, 1895 – New York, 1926), qui sera, sur grand écran, le symbole du séducteur italien.

La séduction peut se pratiquer partout. Surtout à la cuisine. L'homme italien, dans sa version la plus ouverte et la plus dynamique, adore préparer pour une femme (qu'elle soit mère, épouse, tante, sœur, petite amie, potentielle petite amie et aussi « la femme de son prochain ») des recettes gastronomiques, qu'il juge extraordinaires et inoubliables. Même s'il fait cuire deux œufs, il dira qu'ils sont exceptionnels et il les « cuisinera » en racontant beaucoup de « salades ». Sur un ton très intello, il expliquera que ces œufs viennent d'une poule très particulière, ayant gagné le prestigieux concours de « Miss Poule de l'année » à Lumellogno, souriant village de la plaine du Pô, et que ses arrière-grands-parents (ceux de la poule) résident encore dans la Bresse, où ils votent pour Arnaud Montebourg et regardent la télé avec Louis Blanc. L'homme italien, surtout quand il parle de cuisine, est capable de dire n'importe quoi pour capter l'attention d'une femme. Il raconte que son oncle cardinal l'a invité une fois à dîner sur la terrasse du Louis XV de Monaco, le restaurant féerique d'Alain Ducasse. La fille, destinataire de ce discours, s'interroge sur ce qu'elle pourrait offrir à l'oncle cardinal pour bénéficier du même traitement. Son éminence se contentera de sauver une âme ?

Quand Giulietta regarde Romeo au milieu des fourneaux, elle pense « finalement, j'ai trouvé un mec moderne et ouvert, presque féministe ». Erreur. Elle ignore, qu'après le café, on lui demandera de faire la vaisselle, comme s'il s'agissait de la chose la plus normale du monde. En réalité, cela n'arrivera pas au premier rendez-vous, où il s'agit de séduire l'estomac pour caresser le cœur. Dans ce cas, le café sera suivi par les avances rituelles, dont la maîtrise atteint des sommets.

La séduction à l'italienne passe par les pieds et par les mains. Lors d'un dîner en ville (et aussi à la campagne), si vous avez à côté de vous ou devant vous une dame qui vous fait rêver, vous vous voyez tout de suite dans les habits du *Cheik blanc* (Fellini, 1952) et vous rêvez qu'elle est subjuguée par votre charme. Et, c'est là que vous retrouvez au fond de votre mémoire l'unique phrase sauvée de votre lecture de *Život je jinde* (*La vita è altrove* ou *La vie est ailleurs*) de Milan Kundera, conseillée par un ami médecin à l'époque de vos crises d'insomnie. Milan affirme : « La vie est brève et les occasions perdues ne se retrouvent jamais. » En d'autres termes, notre fameux « *Carpe diem !* ». Ainsi, avec une insoutenable légèreté, vous décidez de passer à l'action. Eh oui, le mâle italien doit absolument tenter sa chance. La tactique est éprouvée. Il utilise l'un de ses pieds (ou de ses mollets ou de ses cuisses) pour exercer une légère friction – bien cachée par la nappe, la table et la conversation – sur les jambes de la femme qui le fait rêver. Cette opération (que l'homme italien connaît à merveille, l'ayant pratiquée des centaines de fois avec un rapport de 1 à 10 entre les succès bien réels et les petites gaffes bien pardonnables) s'appelle en langue italienne « *fare piedino* », littéralement « faire le petit pied ». En France, on parle d'« appel du pied », mais cette expression me paraît beaucoup moins charmante. Elle me fait penser à un coup de pied, lancé dans le vide pour demander de l'aide. Comme si, en se noyant dans la mer du désir, l'homme utilisait ses pieds pour lancer un message de détresse. Ou, comme s'il demandait à Cupidon de lui passer la balle pour tirer le penalty qui atteindrait la femme aimée. Un coup de pied est différent d'une caresse clandestine enveloppée dans une chaussette qui arrive systématiquement jusqu'au genou (car l'homme italien n'imagine même pas que dans d'autres parties de cette galaxie des bipèdes puissent porter des chaussettes courtes).

Malheureusement, certaines dames françaises ne connaissent pas le langage codé du « *piedino* ». Quand leurs jambes sont tendrement effleurées par un être vivant, elles pensent à Socrate, le fort sympathique chien de la maîtresse des lieux. La décision est vite prise : récompenser Socrate en le nourrissant sous la table d'un morceau de Paris-Brest. Ensuite, c'est votre problème d'enlever le dessert du pantalon ou de la chaussette, en pensant pour la première fois de votre vie que la condamnation de Socrate n'a pas été totalement injustifiée.

Face au «*piedino*», la femme italienne sait avoir plusieurs possibilités. Si elle laisse sa jambe, elle accepte l'avance et l'homme italien passera ensuite du pied à la main. Si elle déplace sa jambe, les jeux sont encore ouverts. Peut-être qu'elle veut tout simplement clarifier la situation et l'appartenance du pied en question. Si elle décide de mettre fin aux avances, elle dit à voix haute : «*chi mi tira dei calci ?*» («Qui me donne des coups de pied ?»), en faisant semblant d'être naïve. Les convives penseront à un coup involontaire sous la table, mais l'intéressé aura compris qu'il risque gros en continuant ces avances. Après cette phrase fatidique, l'homme qui n'arrête pas ses avances s'expose à la vengeance de la femme tant désirée.

C'est le cas de l'acteur Ugo Tognazzi (Crémone, Émilie-Romagne, 1922 – Rome, 1990 ; l'un des grands interprètes de la comédie à l'italienne) qui ne se limitait pas à jouer devant les caméras le rôle du macho. En 1962, à l'âge de 40 ans, il a été le protagoniste du film *La voglia matta*, de Luciano Salce, avec Catherine Spaak, qui avait à ce moment 17 ans. En 1995, cinq ans après la mort de Tognazzi, les éditions italiennes Il Castoro ont publié le livre *Parigi-Roma, 50 anni di coproduzioni italo-francesi*, dans lequel Catherine Spaak dit : «J'étais très timide et Ugo Tognazzi, en tournant *La Voglia Matta*, me faisait une cour gênante. Un comportement très désagréable de parfait macho italien.» Décidément, la vengeance est un plat qui se mange froid.

La vengeance de la femme séduite est un grand classique italien, presque autant que la séduction. Monica Vitti (Rome, 1931), dans le film de Mario Monicelli *La ragazza con la pistola*

(*La Fille au pistolet*, 1968), incarnera cette figure de l'héroïne vengeresse, la Sicilienne Assunta Patané. (L'un de ses plus séduisants personnages selon moi.) Enlevée, séduite et abandonnée par Vincenzo Macaluso, Assunta, qui n'a pas dans sa famille un homme prêt à lui rendre « justice » en tuant (tout simplement) ce mécréant, part armée d'un revolver vers l'Angleterre, où l'homme s'est réfugié. Elle sait pertinemment que la justice italienne est bien compréhensive envers les « crimes d'honneur ».

Bref, parfois le mariage est la solution la moins risquée. Les maris italiens à l'ancienne n'ont pas honte de paraître macho et ils sont très scrupuleux envers la fidélité de leurs femmes et le respect des recettes gastronomiques traditionnelles. Dans le film *I Mostri* (Dino Risi, 1963), on voit Ugo Tognazzi faire une scène à son épouse parce qu'elle a mis sur les « spaghetti alla carbonara » le parmesan râpé à la place du pecorino râpé. Pour lui, c'est inconcevable. Les maris modernes sont fiers de préparer de temps en temps le repas à leurs épouses. Au moment de la vaisselle, ils disent tout simplement : « Aujourd'hui je n'ai pas eu le temps de lire mon journal ; je vais le faire tandis que tu t'occupes de la cuisine ! ». Le 8 mars, journée mondiale de la femme, ils disent : « Pas de vaisselle aujourd'hui. C'est ta fête ! ». Le 9 mars ils rachètent deux journaux pour les lire tandis que l'épouse fera le double de vaisselle.

La jalousie est parfois un problème bien sérieux et le cinéma italien en parle depuis toujours plus ou moins sérieusement. Un chef-d'œuvre arrive à mélanger magistralement ces deux éléments. Dans *Divorzio all'italiana* (*Divorce à l'italienne*, 1961), de Pietro Germi, on nous raconte l'histoire du baron sicilien Ferdinando Cefalù, dit Fefé (personnage interprété par Marcello Mastroianni), qui est très (un peu trop) déterminé à se séparer de son épouse Rosalia, dame assez gentille, qu'il voit comme une emmerdeuse. En Amérique, il aurait divorcé mais, dans l'Italie de cette époque, le divorce n'existe pas (le divorce est entré dans la législation italienne seulement en décembre 1970 et il a été confirmé par le référendum de mai 1974). Par contre, il y a le «*delitto d'onore*», l'assassinat motivé par l'honneur, qui prévoit une formidable réduction de peine pour celui qui élimine le conjoint infidèle. Le problème de Fefé, amoureux en réalité de sa propre cousine, est de pousser Rosalia à la trahison afin de pouvoir l'éliminer avec la magnanime compréhension de la loi. *Divorzio all'italiana* est devenu un «*manifesto*» de la «comédie à l'italienne», surtout grâce à la capacité de Pietro Germi de conjuguer dans un même film des éléments comiques et dramatiques, tout en dénonçant avec une extraordinaire ironie les maux de la société. La «comédie à l'italienne» n'est pas une façon comme une autre d'amuser la galerie, car elle a hérité du néoréalisme une réelle attention pour les problèmes sociaux, qu'elle réinterprète par une satire souvent amère et grinçante. La dimension des problèmes qu'on y traite (celui de la corruption est récurrent) pourrait inspirer lassitude et résignation au spectateur, mais grâce au rire, les comportements grotesques de certains personnages sont doublement dénoncés. En riant et en s'amusant, le peuple apprend à ne pas oublier. Le moment venu, il présentera l'addition aux personnages réels qui ont inspiré les réalisateurs de son cinéma. C'est arrivé hier. Ça arrive aujourd'hui. Cela arrivera demain.

Le terme délit est un faux ami. Pas seulement parce que son auteur n'est généralement pas très copain avec celui qui le subit, mais parce que la signification de ce mot est nettement différente en français et en italien. Dans ce dernier cas, le délit est un crime, un assassinat. Mais, pour la justice, les crimes ne sont pas tous les mêmes : il y a les méchants-méchants et les méchants-bons. Jusqu'à hier, c'est-à-dire jusqu'en 1981, la justice italienne avait l'habitude de fermer un œil sur le «*delitto d'onore*», fruit en premier lieu de la jalousie. Celui ou celle (en général il s'agissait d'un homme, mais la chose valait théoriquement aussi pour la femme) qui tuait le conjoint adultère bénéficiait d'une réduction de peine tout à fait considérable. Un cadeau d'État aux défenseurs de l'«honneur». Ou présumé tel. On payait un assassinat comme un vol de poule et on pouvait en avoir deux (celui de l'épouse infidèle et celui de son amant) au prix d'un. C'était le marketing de la vengeance. À l'occasion des procès pour «*delitto d'onore*», la foule était habituellement du côté de l'inculpé, parfois considéré comme un héros («Quel homme! Quel courage!») tandis que les familles des victimes se manifestaient le moins possible en public. Comme si la vraie faute avait été celle des personnes assassinées et le vrai crime – sur lequel les juges étaient appelés à se prononcer – était la trahison et pas le meurtre.

Salvatore était facteur à Misilmeri, ville de 30 000 âmes (province de Palerme). Le problème des âmes est qu'elles se lient à des corps. Celui de Maria, épouse de Salvatore, se liait également avec Giovanni. En rentrant chez lui plus tôt que prévu, le facteur n'a pas besoin de sonner à la porte. Il rentre, il découvre les amants, il sort son revolver et laisse deux cadavres. Ses avocats demandent l'application de l'article 587 du code pénal, qui affirme : «Celui qui provoque la mort de son conjoint, de sa fille ou de sa sœur dans le moment où il découvre leur illégitime relation charnelle et sous le coup de la fureur liée à l'offense fait à son honneur ou à l'honneur de sa famille, est puni par la réclusion de 3 à 7 ans. La même peine est attribuée à celui qui, dans les mêmes circonstances, provoque la mort de la personne qui se trouve en illégitime relation charnelle avec son conjoint, avec sa fille ou avec sa sœur.» («*Chiunque cagiona la morte del coniuge, della figlia o della sorella, nell'atto in cui ne scopre la illegittima relazione carnale e nello stato d'ira determinato dall'offesa recata all'onor suo o della famiglia, è punito con la reclusione da tre a sette anni. Alla stessa pena soggiace chi, nelle dette circostanze, cagiona la morte della persona che sia in illegittima relazione carnale col coniuge, con la figlia o con la sorella* »). C'est le point culminant du procès en appel de Salvatore, qui en première instance a été condamné à 13 ans. Cette fois, les juges lui donnent tous les bénéfices de l'article 587, qui sera appliqué pour la dernière fois. Salvatore est condamné à six ans pour son double meurtre. La raison officielle évoquée par les magistrats ? « Il a protégé son honneur. » On a presque la sensation que les juges l'auraient condamné à une peine plus lourde s'il n'avait pas sorti son revolver. En 1981, la France met fin à la peine de mort (que l'Italie a supprimée en 1889, rétablie à l'époque fasciste et définitivement abolie avec la Constitution républicaine de 1948) et l'Italie, après le cas de Salvatore, élimine de sa législation le « crime d'honneur » (qui était presque une peine de mort déguisée). Les deux pays ont fait, ensemble, un grand pas en avant sur le chemin de la civilisation et des droits de l'homme (qui n'ont pas de patrie).

Un film, qui est tout sauf un chef-d'œuvre, nous offre quand même un exemple significatif à cet égard. Dans *Ultimo Incontro* (de Gianni Franciolini – Florence, 1910 – Rome, 1960 –, sorti en 1951), la protagoniste – tuée par son mari jaloux – meurt presque soulagée en disant : « Maintenant tu peux me pardonner ». Le film – interprété par Amedeo Nazari (Cagliari, 1907 – Rome, 1979) et Alida Valli (Pola, Istrie, 1921 – Rome, 2006), deux stars historiques du cinéma italien – se termine par l'excuse de la femme au mari qui vient de la blesser mortellement. La victime demande pardon à l'assassin, qui a utilisé le revolver pour éliminer la raison de sa jalousie. J'imagine que, dans la logique italienne de l'époque, le procès pour ce fait sanglant a eu comme accusée la femme décédée. Quant au mari, on doit l'avoir nommé «*commendatore*» de la République italienne.

Dans la *Bohème*, quand Rodolfo et Mimì chantent l'amour-miel, qu'ils viennent de déguster, leur ami Marcello ironise sur la rime miel-fiel, déjà très chère à Plaute (254-184 avant J.-C.). «*Amor et melle et felle est fecundissimus*», c'est-à-dire «L'amour est très riche en miel comme en fiel», disait l'homme qui par ses comédies faisait rire les habitants de la péninsule italienne à l'époque où Hannibal les faisait pleurer. Pour les Italiens, le fiel de l'amour a un nom bien précis. Toujours le même : la jalousie. Officiellement l'homme italien n'imagine même pas que sa femme puisse le trahir. L'acteur comique Carlo Dapporto aimait raconter la blague suivante : «Un homme dit à un ami résidant dans le même immeuble : "Quand tu embrasses ta femme tu devrais fermer les rideaux. Hier soir, on a tout vu de ma fenêtre !" Et l'autre : "Ah je t'ai bien eu ! Hier soir, je n'étais pas chez moi !"». Le mâle péninsulaire n'imagine même pas que «sa» femme puisse être différente de sa mère, et donc totalement dévouée à lui. Une Jeanne d'Arc format maison.

Mais si le *staphylococcus* du doute pénètre dans les cellules cérébrales de l'*homo italicus italicus*, le caractère animal de ce dernier prend le dessus sur les présumées prérogatives intellectuelles de l'*homo sapiens*. Avec des conséquences imprévisibles. Aucun antibiotique ne peut protéger l'homme italien de la bactérie de la jalousie, qui endommage sérieusement son cerveau et provoque des effets ravageurs sur son comportement. «*La gelosia, quando arriva non va più via*» («La jalousie, elle arrive et elle ne part plus») chante Adriano Celentano (Milan, 1938). La femme italienne comprend et tente de traiter cette crise provoquée par le staphylococcus sur l'*homo italicus erectus erectus*. Elle fait tout son possible, allant parfois jusqu'au sacrifice personnel.

C'est le cas d'Assunta Spina, le personnage magistralement interprété par Francesca Bertini (Florence, 1892 – Rome, 1985), la première diva du cinéma italien. On dit même que le mot « diva » a été créé pour elle, tellement sa popularité était grande dans l'Italie du cinéma muet. L'histoire d'Assunta Spina est celle du mélodrame de la jalousie à la sauce napolitaine. Sang, tomates et volupté. La fille est « *sfregiata* », blessée au visage, par son homme jaloux (nom : Michele Boccadifuoco ; profession : boucher, tout un programme), mais au procès elle fait l'impossible pour le sauver. Quand Boccadifuoco est condamné, Assunta trouve une solution plutôt dangereuse pour être près de lui : elle cède aux avances d'un fonctionnaire du Tribunal. Pas de bol : elle tombe amoureuse de celui-ci, qui est inévitablement assassiné par Michele à sa sortie de prison, un an et demi après. Pour sauver le boucher, Assunta s'accuse du meurtre. L'histoire d'Assunta Spina est un feuilleton italien qui dure depuis plus d'un siècle. La pièce a été écrite en 1888 par Salvatore Di Giacomo (Naples, 1860 – Naples, 1934), l'un des principaux dramaturges napolitains. Le premier film a été celui dont on vient de parler. Ensuite, il y a eu deux autres films et deux séries télévisées (la dernière en 2006).

Le délit d'honneur le plus célèbre de la littérature italienne coûta la vie, il y a bien longtemps, aux deux amants Paolo et Francesca (cette dernière, originaire de la ville de Rimini, était malheureusement mariée au frère du premier). Dante met les deux amants en Enfer, mais le lecteur de la *Divine Comédie* a l'impression qu'il éprouve une grande tendresse pour ce couple clandestin, qui a quand même vécu des moments paradisiaques. Le verset de Dante « *Amor, ch'a nullo amato amar perdona* » (« Amour, qui force tout aimé à aimer en retour ») est l'un des plus célèbres de toute la littérature italienne. Voilà en français, dans la traduction de Jacqueline Risset, cette partie du chant V de l'Enfer. Il est mieux de la lire avec attention parce que chacun de nous pourrait un jour se trouver en enfer pour la même raison :

> *Amour, qui s'apprend vite au noble cœur,*
> *prit celui-ci de la belle personne*
> *que j'étais ; et la manière me touche encore.*
> *Amour, qui force tout aimé à aimer en retour,*
> *me prit si fort de la douceur de celui-ci*
> *que, comme tu vois, il ne me laisse pas.*
> *Amour nous a conduits à une mort unique.*

La boucle est bouclée et l'Italien revient toujours à l'amour, qui, pour lui, est la seule et la vraie source d'énergie renouvelable et inépuisable. Et voilà notre ami Dante qui termine sa *Divine Comédie* par ce vers : *Amor che muove il Sole e le altre stelle* (« *L'amour qui meut le Soleil et les autres étoiles* »). Par ces mots, Dante termine la description du paradis. L'amour est donc la force suprême que tout inspire, de l'enfer au paradis, de la souffrance à la joie, du corps de l'être humain à son pur esprit. Sans l'amour, même le soleil n'aurait pas de sens. À la fin, c'est l'amour qui gagne, parce que, comme le dirait le Caravage, *Amor vincit omnia*.

Chanter le soleil

Vu de l'étranger, l'Italie c'est le pays du soleil. L'Italien est vu comme le magicien de la danse du soleil, liturgie dont on perçoit le besoin malgré tous les discours sur le réchauffement climatique. Il est rare que je quitte Paris pour l'Italie, chose que je fais presque tous les mois, sans qu'un Français me dise : «Rapportez-nous du soleil». Au début j'expliquais à mes interlocuteurs que dans la partie de la péninsule d'où je suis originaire (entre le Piémont et la Lombardie) le temps n'est vraiment pas extraordinaire ; même si dans *Les Fiancés* (*I Promessi Sposi*), Alessandro Manzoni (Milan, 1785 – Milan, 1873) écrit que «le ciel de Lombardie est si beau quand il est beau». Les mots sont beaux, mais le ciel l'est bien rarement. En hiver, il y a un brouillard à couper au couteau. Dans l'une de ses chansons (*La fisarmonica di Stradella, L'accordéon de Stradella*), le compositeur et chanteur Paolo Conte (Asti, 1937) dit que la visibilité d'un hiver dans la plaine du Pô est comme celle dans un verre de pastis. En été les moustiques paraissent des vampires. En effet, les vampires ont disparu de ma terre par peur des moustiques. Ils se sont battus et ils ont perdu. En hiver, dans certains endroits de la plaine du Pô, un Italien doit savoir conduire dans un brouillard impénétrable et, en été, se battre héroïquement contre ces maudites «*zanzare*», les moustiques.

Pendant quelques dizaines d'années, j'ai essayé de préciser à mes interlocuteurs européens que l'Italie n'est pas uniforme : il y a des parties où le temps est magnifique – comme mon endroit préféré, l'île de Stromboli – et des parties où la plupart de l'année on a de quoi s'en prendre à Jupiter, défini par la presse d'il y a deux mille ans « *Jupiter pluvius* » (dans le sens qu'il envoyait la pluie, ce qui faisait de lui le numéro un des experts en météo, objet de la convoitise des chaînes télé de l'époque). L'Italie est, à tout point de vue, une mosaïque de réalités très différentes. Cela vaut pour la terre et aussi pour le ciel. Mes interlocuteurs européens le savent parfaitement mais, malgré tout, ils reprennent volontiers le vieux stéréotype Italie = soleil. Ce n'est pas vrai, mais c'est tellement beau à croire. Donc, faisons comme si. Disons qu'un Italien détient la liturgie du soleil.

Celui qui l'a le mieux réussi est San Francesco, saint François d'Assise (Assise, 1182 – Assise, 1226), le saint patron de l'Italie, dont la fête est le 4 octobre. Grâce à son magnifique *Cantico delle creature* (*Cantique des créatures*), il a été aussi l'un des pères de la langue et de la littérature italiennes. Je vous propose, tout d'abord une partie du texte original, écrit dans une langue bien plus ancienne que l'italien actuel. Mais la langue de François nous laisse aussi imaginer des sonorités extraordinaires :

Altissimu, onnipotente, bon Signore,
tue so'le laude, la gloria e l'honore et onne benedictione.
Ad te solo, Altissimo, se konfàno et nullu homo ène dignu te mentovare
Laudato sie, mi'Signore, cum tucte le tue creature, spetialmente messor lo frate sole, lo qual è iorno, et allumini noi per lui. Et ellu è bellu e radiante cum grande splendore, de te, Altissimo, porta significatione.

Et voilà François en français :

> Très haut, tout puissant et bon Seigneur/à Toi louange, gloire, honneur et toute bénédiction/à Toi seul ils conviennent ô Toi Très haut/et nul homme n'est digne de Te nommer./Loué sois-tu, Seigneur, avec toutes tes créatures/spécialement frère Soleil/par qui Tu nous donnes le jour, la lumière/il est beau, rayonnant d'une grande splendeur/et de Toi, le Très Haut, il nous offre le symbole.

Le Soleil, comme image divine et celle de la joie humaine. Après avoir visité l'Italie, Goethe écrit ces versets, qu'on peut considérer comme la plus belle des cartes postales envoyée à partir de la péninsule italienne, dorée grâce aux rayons de son soleil :

> *Kennst du das Land, wo die Zitronen blühn ?*
> *Im dunklen Laub die Goldorangen glühn,*
> *Ein sanfter Wind vom blauen Himmel weht,*
> *Die Myrte still und hoch der Lorbeer steht,*
> *Kennst du es wohl ? Dahin !*
> *Dahin Möcht ich mit dir, o mein Geliebter, ziehn !*

C'est-à-dire :

> Connais-tu la contrée où les citronniers boutonnent,
> Dans le sombre feuillage rougeoient les oranges d'or,
> De douces brises soufflent des cieux d'azur,
> Silencieux le myrte et haut le laurier fleuronnent -
> La connais-tu bien ?
> Là-bas ! Là-bas
> Ô mon bien-aimé, je voudrais partir avec toi.

Étant particulièrement aimée par les dieux de la météo, la ville de Naples a consacré au soleil certaines de ses plus belles et célèbres chansons. Surtout une, *O Sole Mio*, reprise par Elvis Presley *himself* (en changeant le texte et aussi le titre, devenu *It's now or never*). En regardant son soleil adoré, Naples chante cette fabuleuse chanson, devenue tellement célèbre comme identification de l'Italie qu'aux Jeux olympiques de 1920, en Belgique, l'orchestre l'a jouée par erreur à la place de l'hymne national italien. Toutes les grandes voix de la musique italienne et mondiale ont voulu chanter « O Sole Mio ». Parmi elles Enrico Caruso (Naples, 1873 – Naples, 1921) et Luciano Pavarotti (Modène, 1935 – Modène, 2007), mais aussi Mina et Dalida. La traduction du texte est : « Quelle belle chose/une journée de soleil/l'air serein après la tempête/l'air frais c'est déjà la fête/Un autre soleil/un soleil plus beau que ça, n'existe pas/mon cher soleil/est devant toi ! ». Voilà le texte original, bien sûr en napolitain, alors que le soleil resplendit, comme d'habitude, du côté du Vésuve :

Che bella cosa na jurnata 'e sole,
n'aria serena doppo na tempesta !
Pe'll'aria fresca pare gia'na festa
Che bella cosa na jurnata 'e sole.
Ma n'atu sole
cchiu'bello, oi ne'.
'O sole mio
sta 'nfronte a te !

Le bleu du ciel tout autour, bercé par l'air frais volant comme un oiseau : un rêve devenu également l'une des chansons italiennes parmi les plus célèbres de tous les temps : *Volare* de Domenico Modugno (Lampedusa, Sicile, 1928 – Polignano a Mare, Pouilles, 1994), dont le vrai titre était *Nel blu dipinto di blu* (*Dans le bleu peint en bleu*). Fin 1957, le monde entier regarde le ciel : le 4 octobre Moscou a mis en orbite le premier satellite (Spoutnik) et le 4 novembre la petite Laïka est allée aboyer au milieu des étoiles. Le ciel est à portée de main. Début 1958, Modugno gagne le Festival de Sanremo, l'incontournable rendez-vous annuel de la chanson italienne, en chantant : « *Nel blu, dipinto di blu, felice di stare lassù* », c'est-à-dire qu'il est « heureux d'être là-haut ». Et il rajoute : « Volare oh oh ! Cantare oh oh oh oh ! ». Le premier Italien dans l'espace. L'année suivante Modugno admet que le temps peut changer et compose la chanson *Piove* (*Il pleut*). La météo change, mais Modugno gagne Sanremo pour la seconde fois consécutive. De Seattle à Caltanisetta, de Blois à Wuhan, de Singapour à Wellington, en refusant qu'Italie puisse rimer avec pluie, on rebaptise la chanson *Ciao ciao bambina*. Et on chante : « Ciao ciao bambina, encore un baiser/avant de te perdre/pour toujours/je voudrais trouver d'autres mots/mais il pleut, il pleut/sur notre amour ». Chantez vous aussi. Je parie que vous en connaissez l'air :

Ciao ciao bambina
un bacio ancora
e poi per sempre
ti perderò
Vorrei trovare
Parole nuove
Ma piove piove
Sul nostro amor

Il pleut dans la chanson et il pleut dans les récits des Italiens qui ont choisi (ou plutôt ont dû choisir) d'aller à l'étranger pour rechercher un travail. L'émigration est un chapitre triste dans l'histoire d'un peuple qui a toujours payé l'addition de ses erreurs. Malheureusement, ceux qui ont payé n'étaient pas ceux qui ont commis les erreurs.

Partir c'est mourir un peu

Partout dans le monde, soleil rime avec Italie. L'expression « *Il sole d'Italia* » a été choisie des milliers et des milliers de fois par les propriétaires de pizzeria dans le monde entier. À la carte de la *Pizzeria il sole d'Italia* de Brooklyn et de Sidney, de Buenos Aires et de Bruxelles, de Paris et de Manchester, on y trouvait (et on y trouve toujours) en premier lieu la Margherita, la reine des pizzas et la pizza au nom de reine. En France, la reine Claude est une prune, mais en Italie, la reine Margherita a fait bien plus : elle s'est réincarnée en pizza. Margherita (Turin, 1851 – Bordighera, Ligurie, 1926) était la petite fille du roi piémontais Charles-Albert de Savoie, qui abdiqua en mars 1849 après avoir perdu la Bataille de Novare contre les Autrichiens du maréchal Radetzky (qui continuent de célébrer tout cela par une marche, la *Marche de Radetzky*, de Johann Strauss père, jouée lors du traditionnel concert du nouvel an à Vienne chaque 1er janvier et retransmis en Eurovision). Le fils aîné de Charles-Albert devient roi (Victor-Emmanuel II) et son fils cadet Ferdinand (qui meurt très jeune en 1855) se marie avec une charmante Allemande, Élisabeth de Saxe, l'aristocrate *Herzogin zu Sachsen*. Leurs enfants respectifs, cousins germains, se marient en 1868 à un moment où l'Italie entre dans une vague dramatique de désordres et de répressions, qui – et cela deviendra une habitude dans l'histoire nationale – se traduiront bientôt par une vague migratoire. Il s'agit des protestations populaires contre la « *tassa sul macinato* », le nouvel impôt sur la production de farine de blé et d'autres céréales. Un vrai coup de massue pour les familles modestes de la péninsule. Mais le bruit des protestations n'arrive pas à Turin, où l'on célèbre le mariage de Margherita de Savoie avec son cousin Humbert de Savoie (Turin, 1844 – Monza, 1900). Le couple est à la tête de l'Italie à partir de 1878, quand Umberto I (Humbert Ier) succède à son père Vittorio Emanuele II (Victor-Emmanuel II), et Margherita (Marguerite) devient une star pour ses compatriotes.

On dit qu'en 1889 la reine Marguerite, en voyage à Naples, a eu une envie bizarre : celle de goûter la nourriture des pauvres de cette ville (pas des plus pauvres, qui ne connaissaient pas le mot nourriture, mais des personnes simples, qui connaissaient très bien le mot pizza). Margherita a donc demandé au cuisinier le plus célèbre de la région du Vésuve, Raffaele Esposito Brandi, de lui préparer un plat typiquement napolitain. Raffaele, roi des « pizzaioli » napolitains, trouva une solution à mi-chemin entre tradition et progrès. Il créa une pizza aux couleurs de l'Italie et uniquement à ses couleurs : le blanc de la mozzarella, le vert des feuilles de basilic et, bien sûr, le rouge de la tomate (par contre à l'école primaire on a toujours enseigné que le blanc symbolise les neiges éternelles des Alpes, le vert rime avec la couleur des prés et des forêts, tandis que le rouge est le souvenir du sang des héros morts pour l'unité nationale). Ainsi la pizza Margherita a pris la place du drapeau de la péninsule et les innombrables *Pizzeria Il Sole d'Italia* ont pris, en partie (parfois sans démériter), la place de la diplomatie italienne.

Dans ces mots – « *Pizzeria il sole d'Italia* » – l'image du beau temps se mêle à celle de la nostalgie du pays. Même au Mexique, où le soleil ne fait certainement pas défaut, le titre du journal en langue italienne est *Il sole d'Italia*. Difficile de dire ce que le soleil de Naples a de plus que le soleil d'Acapulco. Difficile ? En réalité, pas vraiment. La réponse tient en un mot : nostalgie. Car l'idée de fond est toujours la nostalgie, mise en musique par le compositeur et bandonéoniste argentin (mais je pourrais dire italo-argentin) Astor Piazzolla, le roi du tango. Tango et milonga, écoutés d'une oreille argentine et d'une autre italienne. Avec des larmes qui mouillent la terre du départ dans une atmosphère de nostalgie. La terre de Pouilles et celle de Toscane, d'où venaient le grand-père et la grand-mère de Piazzolla. À cheval entre le XIXe et le XXe siècle, on part de l'Italie tout entière pour l'Argentine.

Près d'Asti se trouve le village de Portacomaro, en piémontais *Portacomé*. Cette commune qui compte aujourd'hui 1 900 habitants, en avait 2 700 en 1928, quand un cheminot décida de quitter l'Italie pour aller chercher un nouveau destin en Argentine. À Buenos Aires, il aura cinq enfants. Il s'appelait Mario Bergoglio et le quatrième de ses enfants, Jorge Mario Bergoglio, fera un voyage de retour dans la péninsule en 2013. À Rome plus précisément. Il changera de nom pour devenir le pape François. Mario Bergoglio espérait vivre comme un pape en Argentine et son fils vivra comme un Pape au Vatican.

Mario est parti en 1928 pour l'Amérique comme des millions d'autres Italiens, avec l'envie de travailler et de vivre dignement. Il est parti du port de Gênes, comme la famille de sa future épouse, originaire de Ligurie. L'une des plus belles et célèbres chansons sur l'émigration italienne est justement en dialecte (langue) de la Ligurie. Elle a été rendue célèbre par l'un des plus grands acteurs du théâtre régional italien – Gilberto Govi (Gênes, 1885 – Gênes, 1966) – et aussi par la plus grande interprète de la musique italienne contemporaine : Mina Mazzini, dite tout simplement Mina, née à Busto Arsizio, Lombardie, en

1940. Sans oublier le chanteur génois, Bruno Lauzi (Asmara, Érythrée, 1937 – Peschiera Borromeo, Lombardie, 2006). Je ne résiste pas à la tentation de vous proposer une traduction (ligure/français) du refrain de cette chanson. Inutile que je vous dise que la Place de la Nunziata est à Gênes, ainsi que le quartier de Righi sur la colline, et le quartier historique de la Foce, l'embouchure, au bord de la mer. Si vous allez écouter cette chanson sur Internet, vous allez vous apercevoir des sonorités particulières (on dirait parfois du portugais) du dialecte (langue) de la Ligurie.

Ma se ghe pensu allôa mi veddu o mâ
veddu i mæ munti e a ciassa da Nûnsiâ
riveddu o Righi e me s'astrenze o chêu
veddu a lanterna, a cava, lazû o mêu…,
Riveddu a-a seja Zena inlûminâa,
veddu là a Fôxe e sentu franze o mâ
e allôa mi pensu ancun de riturnâ
a pösâ e osse duve'hò mæ madunnâa.

En français :

Mais si j'y pense, alors je vois la mer
je vois mes montagnes et la Place de la Nunziata
je revois Righi et le cœur se serre
je vois la Lanterne, la cave et le quai du port…
Le soir j'imagine Gênes pleine de lumières
je revois la Foce et j'entends le bruit des ondes
Tout ça me donne envie de revenir
à mettre mes os là où sont mes aïeuls.

En 1919, le poète et compositeur Giovanni Ermete Gaeta, qui utilisait le pseudo E.A. Mario (Naples, 1884 – Naples, 1961), auteur de la célébrissime *Canzone del Piave* (*Chanson du Piave*, devenue le « thème sonore » de la Première Guerre mondiale pour les Italiens), a composé l'« hymne » de l'émigration napolitaine, qui dit :

Santa Lucia !
Luntano'a te,
quanta malincunia !
Se gira'o munno sano,
se va a cercá furtuna...
ma, quanno sponta'a luna,
luntano'a Napule
nun se pò stá !

Voici la traduction du napolitain au français :

Sainte Lucie !
Loin de toi
quelle mélancolie !
On va dans le monde entier
on va chercher fortune...
mais dès qu'on voit la lune
loin de Naples
on ne peut pas rester !

Toujours la mélancolie et cette envie de revenir. À Gênes comme à Naples comme dans toutes les régions italiennes qui ont vu les migrants partir par millions.

C'est dans la pampa du nord de l'Argentine que d'autres émigrés italiens construisent au début du XXe siècle, dans la province de Santa Fe, un village piémontais « authentique ». Il s'appelle comme l'époux de la reine-pizza, Umberto Ier, et il est situé à peu de kilomètres de Moisés Ville, vrai village juif, habité par des immigrés polonais et lituaniens qui après des siècles de ghetto découvraient le charme du travail aux champs. On a dédié un village au roi Humbert, qui entre-temps avait perdu la vie. Il avait été assassiné par un anarchiste le 29 juillet 1900 à Monza, près de Milan. L'anarchiste régicide était lui-même « fils » de l'émigration italienne. Il s'appelait Gaetano

Bresci (Prato, 1869 – Isola Santo Stefano, Latium, 1901) et il avait émigré aux États-Unis, à Paterson (New Jersey) en 1896.

Pendant la dernière décennie du XIXe siècle, les luttes sociales en Italie ont été terribles. Avec les problèmes économiques du pays et les déséquilibres régionaux, cela a contribué à la plus imposante vague migratoire de l'histoire italienne. Certaines familles italiennes se sont établies en Égypte, où elles ont gardé l'intégralité de leur culture et de leur langue d'origine. D'autres, ont pris le chemin de la Tunisie, de différents pays d'Europe ou des Amériques. Aux États-Unis, la ville de Paterson est devenue l'une des destinations principales des ouvriers du textile du Centre et du Nord de l'Italie. Bien que hautement qualifiés et pouvant trouver un emploi dans leur pays, ils ont préféré le quitter surtout ceux qui étaient souvent politiquement très engagés, militants anarchistes ou socialistes. Mieux vaut donc changer d'air et aussi de pays, suite à des épisodes de tension politique italiens, que la presse internationale arrive à comparer à une guerre civile : en 1894 le supplément illustré du *Petit Parisien* propose comme couverture une image de bataille ouvriers-gendarmes. Explication : « La guerre civile en Italie. Un combat dans un village près de Carrare ».

Aux États-Unis, ces Italiens peuvent imprimer leurs journaux et discuter dans les pubs de Paterson, de Brooklyn, que beaucoup d'immigrés appellent familièrement « Broccolino », ou de Manhattan, où « Little Italy » est à côté de Chinatown (en ce début de XXIe siècle, les familles des vieux résidents de « Little Italy » sont parties vivre ailleurs et Chinatown déborde sur les rues autrefois « italiennes »). De la même façon que les jeunes de Mai 1968 avaient dans leur chambre l'inoubliable photo du Che (vous savez bien sûr ce dont je parle), les anarchistes italiens de Paterson fréquentaient des locaux ornés par l'image de Sante Caserio, l'anarchiste lombard (Motta Visconti,

1873 – Lyon, 1894) guillotiné pour avoir tué le président français Sadi Carnot, le 24 juin 1894. C'était leur héros. L'esprit de vengeance de Caserio avait été alimenté par le massacre de plusieurs travailleurs italiens à Aigues-Mortes en août 1893 et par l'attitude de la justice française sur ce dossier, qui n'aboutira à aucune condamnation (malgré des preuves accablantes à l'encontre de certains citoyens français animés par la haine xénophobe). Pendant les années 1890, l'Italie est un volcan. Révolte paysanne en Sicile en 1892, répression sanglante, émigration. Révolte ouvrière à Milan en 1898, et la spirale répression-émigration recommence. À Milan, la protestation est impressionnante et l'armée tire au canon sur la foule. Un massacre dont on ne connaîtra jamais l'exacte ampleur. Les morts sont-ils au nombre de 82, comme le disent les sources officielles, ou beaucoup plus ? Certainement beaucoup plus.

Les informations sur les massacres en Italie traversent l'Atlantique. La mondialisation n'est pas encore à l'ordre du jour, mais le monde est déjà « uni ». À Paterson, dans le cercle prolétaire anarchiste, un mot se glisse entre la bière et le fromage. Vengeance. Il faut venger les morts de Milan, les victimes du canon du général Bava Beccaris, responsable de la répression de 1898 dans la capitale lombarde. Une chanson est tout de suite composée. Elle circule en Italie et aussi parmi les Italiens d'Amérique. Elle deviendra l'un des symboles musicaux de la gauche italienne. Elle dit : « Ne ris pas, racaille monarchique, si les armes ont réduit les rebelles au silence/si les frères ont tué les frères » (*Deh non rider sabauda marmaglia/se il fucile ha domato i ribelli/se i fratelli hanno ucciso i fratelli*).

Ensuite c'est le tour des frères anarchistes de tuer les frères monarchistes. Ils visent haut et ils choisissent d'éliminer directement le roi. Le choix des anarchistes de Paterson se porte sur Gaetano Bresci, chargé de tuer Humbert Ier (sans imaginer que son successeur sera pire que lui). Son voyage vers l'Europe n'est pas désagréable. Bresci est un grand séducteur et il sait mieux que personne qu'il a intérêt à prendre au sérieux l'expression « *Carpe diem !* ». Il a choisi de tirer sur le roi d'Italie à Monza, près de Milan, où une visite officielle des souverains est prévue. Bresci utilise toujours des faux noms. Un surtout : Caserio. Il s'identifie avec son héros. L'assassinat du roi Humbert Ier, le 29 juillet 1900 à Monza, est un séisme en Italie et en Europe. Condamné à perpétuité, Gaetano Bresci meurt en mai 1901 en prison, où l'on a tout fait probablement pour l'éliminer dans les meilleurs délais.

La ville de Monza consacre à Umberto un monument, protégé par une grille métallique. Sur cette grille métallique, comme nous raconte le journaliste et historien Indro Montanelli dans son livre *L'Italia dei notabili* (*L'Italie des notables*), un visiteur anonyme gravera quelques années plus tard, à l'aide d'un caillou, les mots suivants : « Monument à Bresci ». Il était officiellement anonyme parce que personne ne l'a surpris quand il faisait son inscription. Mais on connaît très bien son nom : Benito Mussolini, qui était alors le Mussolini engagé de la gauche radicale italienne. En effet, à cette époque, Mussolini était lui-même au milieu des émigrants italiens anarchistes et socialistes en Suisse, où il s'est installé en 1902, à l'âge de 19 ans, pour trouver un travail et pour éviter de partir à l'armée. En Suisse, Mussolini fait des travaux manuels, écrit dans la presse de gauche et essaie de se creuser un avenir comme agitateur politique parmi les ouvriers italiens.

Aux États-Unis, en 1901, l'anarchiste d'origine polonaise Léon Czolgosz tue le président William McKinley et se retrouve la même année sur la chaise électrique. Il est coupable de ce crime, il n'y a pas de doute. *A contrario*, deux autres anarchistes sont bel et bien innocents et ils deviendront des personnages emblématiques de l'immigration italienne aux États-Unis. Il s'agit de Ferdinando Nicola Sacco (né à Torremaggiore, Pouilles, en 1901, émigré en 1909, ouvrier) et de Bartolomeo (Bart) Vanzetti (né à Villafalletto, Piémont, en 1888, émigré en 1908, marchand de poissons). Après un procès tragiquement grotesque pour homicide et sept ans de prison, ils termineront leurs jours eux aussi sur la chaise électrique à la maison d'arrêt de Charlestown, Massachusetts, le 23 août 1927. Cinquante ans plus tard, le 23 août 1977, leur mémoire sera réhabilitée par Michael Dukakis, gouverneur de l'État du Massachusetts. Ils étaient totalement étrangers aux faits pour lesquels ils ont été condamnés et exécutés. Leur histoire est aussi une démonstration évidente de la monstruosité et de l'absurdité de la peine de mort. Ils ont payé le prix d'une vague xénophobe contre les immigrés italiens. Les polémiques qui ont suivi leur exécution ont contribué à pousser l'histoire dans une autre direction : en 1930 et en 1933 deux italo-américains, Angelo Rossi et Fiorello La Guardia, sont élus respectivement maires de San Francisco et de New York. Angelo Rossi, maire de 1931 à 1944, a donné en 1933 le coup d'envoi pour les travaux du Golden Gate Bridge. Quant à New York, après Fiorello La Guardia (maire de 1934 à 1945) on trouve deux autres maires « italiens ». Le républicain Rudolph Giuliani de 1994 à 2001 et le démocrate Bill De Blasio, élu en novembre 2013 et très lié à la communauté italienne de la Grande Pomme. Une communauté qui n'a jamais pu faire le deuil de Sacco et Vanzetti.

En 1971, le réalisateur Giuliano Montaldo (Gênes, 1930) tourne en hommage aux deux anarchistes italiens le film *Sacco e Vanzetti*, avec Riccardo Cucciolla (Bari, 1924 – Rome, 1999) dans le rôle de Sacco et Gian Maria Volonté (Milano, 1933 – Florina, Grèce, 1994) dans celui de Vanzetti. Ce film est également célèbre dans le monde entier grâce à sa bande-son, composée par Ennio Morricone (Rome, 1928) et chantée par Joan Baez. Voici un extrait de cette chanson *Here's to you* (*La ballata di Sacco e Vanzetti* pour le titre en italien) :

> *Here's to you Nicola and Bart*
> *Rest forever here in our hearts*
> *The last and final moment is yours*
> *That agony is your triumph.*
>
> Honneur à vous, Nicola et Bart
> Reposez pour toujours dans nos cœurs
> Le moment extrême, le moment final est le vôtre
> Cette agonie est votre triomphe.

Il est impossible de connaître avec précision le nombre total d'émigrés italiens, mais, on a bien compris, que chaque vague migratoire correspond à une période critique de l'histoire nationale. On peut dire que les Italiens ayant choisi d'aller vivre à l'étranger – de la proclamation du royaume d'Italie le 17 mars 1861 au jour de l'an 2014 – sont proches des 30 millions, chiffre « monstrueux » si on le compare à la population italienne actuelle qui est de 63 millions d'âmes. Les pays d'Amérique du Sud sont ceux qui ont reçu le plus grand nombre d'immigrés italiens. Des immigrés qui représentent aujourd'hui une importante partie de la population, en particulier au Brésil (où leurs descendants, évidemment métissés, représentent aujourd'hui 15 % de la population, c'est-à-dire 25 millions de personnes) et en Argentine (où pratiquement la moitié de la population de 40 millions d'habitants est d'origine italienne). L'émigration italienne a inspiré à Luigi Tenco (Cassine, Piémont, 1938 – Sanremo, Ligurie, 1967) la chanson *Ciao, amore ciao !*, qu'il a présenté en 1967 au Festival de Sanremo en compagnie de son amie Dalida. La même nuit, il a choisi de quitter ce monde en se tirant une balle dans la tête. « *Ciao, amore ciao !* » reste l'une des plus belles chansons consacrée à l'émigration italienne (et à l'émigration tout court), comme *Pane e cioccolata* (*Pain et chocolat*, 1973) du réalisateur Franco Brusati (Milan, 1922 – Rome, 1993), avec Nino Manfredi, est l'un des plus beaux films sur le même sujet.

Ce qui est certain, c'est que l'État italien a joué dans des conditions bien cyniques avec la peau de ses fils. L'accord italo-belge, signé au lendemain de la Seconde Guerre mondiale, prévoyait l'envoi de dizaine de milliers de travailleurs italiens en échange de charbon. Les conditions de vie de ces travailleurs en Belgique étaient parfois dramatiques. En 1956, alors que 44 000 Italiens travaillaient dans les mines de charbon belges, une explosion a tué, le 8 août à Marcinelle, 262 mineurs, dont 136 Italiens.

Les Français d'origine italienne sont au moins 5 millions. Ils sont arrivés par vagues successives. À commencer par les immigrés provenant, à la moitié du XIXe siècle, des vallées de Lombardie et, en particulier, de la province de Bergame. Leur instrument musical préféré était (et est encore) l'accordéon. Ils l'ont donné à l'art musical français de la même façon que les cuisiniers de Catherine de Médicis ont fait connaître aux Français les artichauts et l'art de la gastronomie. La famille italienne arrivée en France s'est généralement intégrée avec grande facilité et parfois elle a même changé de nom. Les origines italiennes ont souvent été vite oubliées. Ou presque. Dans cette vague d'émigration à cheval entre le XIXe et le XXe siècle à travers toute l'Europe, la France a été la principale destination et, après le carnage de la Première Guerre mondiale, la France a fait appel à l'immigration étrangère, avec beaucoup d'intérêt pour les Italiens. En septembre 1926, l'hebdomadaire parisien *L'Illustration* estime à « environ 800 000 » le nombre de travailleurs italiens en France. On peut aisément imaginer qu'ils ne sont pas rentrés dans l'Italie fasciste, étant donné qu'une bonne partie d'entre eux avaient choisi de vivre au-delà des Alpes justement pour fuir le régime de Mussolini.

Dans les années 1930, le nombre d'Italiens en France est toujours considérable. Parmi eux, Filippo Turati (Canzo, Lombardie, 1857 – Paris, 1932), le chef historique du socialisme italien, arrivé clandestinement en 1926 en Corse (et ensuite à Paris). Parmi eux, les frères Carlo et Nello Rosselli, assassinés en 1937 à Bagnoles-de-l'Orne par une bande de « cagoulards » français, probablement pilotée par les services secrets fascistes. Parmi eux, Ivo Livi (mieux connu sous le nom d'Yves Montand ; Monsummano Terme, Toscane, 1921 – Senlis, 1991), fils d'un couple d'antifascistes, émigrés à Marseille au lendemain de la prise du pouvoir par Mussolini. Parmi eux le sculpteur Paul Belmondo, fils d'un Sicilien et d'une Piémontaise, et père d'un certain Jean-Paul Belmondo. Parmi eux, Angelo Tasca (Moretta, Piémont, 1892 – Paris, 1960), l'un des fondateurs du « Partito comunista » en 1921, membre du praesidium de l'Internationale communiste à Moscou, en 1928-1929 ; persécuté par Staline, naturalisé français, menacé par Vichy et ayant accepté de travailler pour Vichy ; auteur ensuite d'intéressantes analyses de la vie politique française pendant la guerre (en particulier le livre, signé sous le pseudo A. Rossi, *Les communistes français pendant la drôle de guerre*, Paris, Les Îles d'or, 1951 ; il est tellement difficile à trouver qu'il s'agit d'une véritable rareté pour bibliophiles).

Parmi eux, on trouve aussi le poète Umberto Saba, dont on a déjà parlé, qui part pour la France en 1938, à l'époque des lois raciales fascistes, que le roi Victor Emmanuel III de Savoie a accepté de signer pour qu'elles entrent officiellement en vigueur. Saba choisira de rentrer l'année suivante en Italie, où les deux autres grands poètes italiens de cette époque – Giuseppe Ungaretti (Alexandrie d'Égypte, 1888 – Milan, 1970) et Eugenio Montale (Gênes, 1896 – Milan, 1981) prendront des risques pour l'aider à fuir les fascistes et les Allemands. D'autres juifs italiens réagiront aux lois raciales en prenant le chemin des États-Unis, où la communauté italienne est, depuis la fin du XIXe siècle, l'une des plus importantes. Aux États-Unis, 18 millions de citoyens ont du sang italien. *Stars, strips et mozzarella*, le plat idéal pour des Italo-Américains comme Dino Crocetti (mieux connu sous le nom de Dean Martin), Frank Sinatra, Brian De Palma, Robert De Niro, Martin Scorsese et, bien sûr, Madonna Louise Ciccone (tout simplement Madonna). L'origine de Francis Ford Coppola (Détroit, 1939) ne pourrait être plus italienne : sa mère s'appelait Italia. Madame Italia Pennino, fille du propriétaire d'une salle cinématographique de « Broccolino ». Ses grands-parents paternels avaient quitté la région de Basilicate pour arriver à New York. Il avait la grande envie de tourner un film nommé *Le Parrain*.

La main noire de la Mafia

Les immigrés italiens à New York entendent parler au début du XXe siècle d'une mystérieuse organisation secrète, appelée « La Mano nera », « La Main noire ». Certains disaient avoir été aidés par des hommes appartenant à ce réseau clandestin. D'autres ont peur. La « Main noire » signifie tout et rien. Cela dépend de ceux qui utilisent le label en question, qui a probablement été inventé par un anarchiste italien ayant fait la dramatique expérience de l'émigration à New York. Comme si « Main noire » était le Robin des Bois des exploités sur le sol américain. Mais cet aspect mystérieux, implicite dans les mots « La Main noire », plaît à certaines bandes d'origine mafieuse, qui décident de l'utiliser à leur tour sur le sol américain. En réalité, la « Main noire » n'est pas une véritable organisation, mais une simple dénomination, couvrant certaines activités (parfois la propagande et parfois les menaces) de plusieurs groupes tout à fait indépendants les uns des autres. Y compris des groupes plutôt amis des anarchistes et d'autres liés aux clans mafieux. Une ambiguïté qui ne durera pas longtemps parce que les criminels mafieux deviendront bientôt les seuls patrons du label de la « Main noire ».

Les émigrés siciliens étaient sans défense face aux réseaux qui les exploitaient systématiquement, en se présentant parfois comme des amis et des protecteurs. Protection mafieuse. Protection bien intéressée. Protection hypocrite. Les émigrés s'endettaient pour acheter leur billet de troisième classe vers New York et continuaient à s'endetter, une fois sur le sol américain, pour vivre (plutôt survivre) dans des endroits plus adaptés à des animaux qu'à des hommes. Ils partaient avec l'espoir de faire fortune, mais ils commençaient leur périple en faisant simplement des dettes. Leurs dettes et leurs bras étaient un vrai business. En Italie, ces dettes étaient garanties (quand cela était possible) par un peu de terre ou par les biens de la famille. Souvent personne ne venait réclamer, argent en main, les biens donnés en garantie. Les marchands de bras confisquaient aussi la terre.

Un personnage ambigu et criminel devient le premier véritable «*padrino*» de l'organisation mafieuse italo-américaine. «*Padrino*» dans le sens moderne de cette expression. Un chef cruel, capable de s'habiller en protecteur de ses «sujets». Vito Cascio Ferro (Palerme, 1862 – Pozzuoli, Campanie, 1942) est le fils d'un «gardien de latifondo», c'est-à-dire d'une immense propriété agraire. D'habitude, ces ressources rurales, très mal exploitées, appartenaient à des familles aristocratiques, qui vivaient dans les villes et qui chargeaient les plus fidèles, parmi les paysans, de surveiller les campagnes. Au moment de la «Spedizione dei Mille», en 1860, Giuseppe Garibaldi (Nice, 1807 – Île de Caprera, Sardaigne, 1882) avait promis aux Siciliens, liberté, pain et progrès. Mais le changement avait été plus apparent que réel. Une histoire bien décrite dans le roman *Le Guépard* de Giuseppe Tomasi di Lampedusa (Palerme, 1896 – Rome, 1957) et dans le film du même nom, réalisé en 1963 par Luchino Visconti (Milan, 1906 – Rome, 1976), avec Burt Lancaster, Claudia Cardinale et Alain Delon. Malgré Garibaldi et malgré l'unité nationale, la vieille classe dirigeante sicilienne a gardé son pouvoir, parce que – comme on le dit dans *Le Guépard* – si on veut « que tout reste tel qu'il est », il faut parfois « que tout change ». Changement et conservation sont souvent les deux faces de la même pièce. Au XXIe siècle les palais du pouvoir sont remplis de ces hommes politiques à « double face ». Ils doivent tous avoir lu le *Guépard*, bible de la politique italienne.

La famille Cascio Ferro vit à Bisacquino, province de Palerme, tout près de Corleone. Vito Cascio Ferro obtient la confiance des notables locaux en se présentant comme un homme d'honneur, ouvert à la nouvelle époque tout en étant capable de garantir les vieux privilèges. Il donne, en même temps, l'image d'un notable moderne et d'un protecteur des paysans pauvres. Il arrive à manifester des opinions socialistes et même anarchistes à une époque et dans un lieu où cela paraissait presque un délit. Au passage, il devient un indic de la police du nouveau royaume d'Italie. Fort de ses amitiés siciliennes, il part en Amérique. Depuis 1901, il vit (comme un demi-million d'Italiens) à New York et ses alentours, où il se consacre, entre autres, aux problèmes monétaires, sous forme de mise en circulation de faux dollars. Il termine alors le travail commencé en Sicile : la refondation de la Mafia sur de nouvelles bases, qui incluent la fausse monnaie, le trafic d'êtres humains et le chantage des commerçants, forcés de payer un « impôt » pour obtenir la protection de l'organisation mafieuse. Chantage en italien se dit « *ricatto* », mot que le langage courant de New York américanise en « *racket* ». Drôle d'étymologie mafieuse italo-américaine. Voilà la naissance d'un racket aux formes multiples, pratiqué par des groupes mafieux qui, en Sicile, avaient de fréquentes frictions entre eux, mais qui, aux États-Unis, trouvent une unité d'action sous l'autorité, de plus en plus évidente, de Vito Cacio Ferro, désormais appelé par tous « don Vito ». Le premier « *padrino* » mafieux est né.

En 1873, un ex-artisan tailleur traverse l'Atlantique. Il s'appelle Prospero Petrosino. Devenu veuf, il laisse ses deux filles en Italie, tandis que les quatre garçons chercheront avec lui une vie meilleure à New York. Il a quitté Padula, dans la région de Naples, localité de 9 300 habitants, qui malgré les nombreuses naissances ne seront plus que 5 000 après un quart de siècle, à cause de l'émigration. Giuseppe Petrosino, fils aîné de Prospero, vient au monde en août 1860, au moment de la « Spedizione dei Mille » de Garibaldi. Pratiquement né avec l'unité nationale italienne, il est forcé de quitter son pays. Le fait que même un tailleur ait choisi l'émigration montre le niveau de déstabilisation économique des villes et des villages du Sud après l'unité. Crise profonde et de genre nouveau. Giuseppe Petrosino commence sa vie de labeur à l'âge de treize ans en cirant les chaussures dans la rue. Il a l'idée de vendre un journal à chaque client. Synergie géniale. Le client lit les nouvelles et le garçon italien fait son travail. Il propose un forfait journal-chaussures et s'associe à d'autres adolescents italiens. Il apprend l'anglais, obtient la nationalité américaine et finalement arrive à se faire embaucher dans le service de la propreté urbaine, qui dépend de la police. À 23 ans, Joe (comme désormais tout le monde l'appelle) Petrosino réalise son rêve : devenir flic. Il passe son temps à combattre, en particulier, crimes et délits commis par des immigrés italiens aux États-Unis. Il tombe alors sur la « Main noire », et comprend que Cascio Ferro est en train d'exploiter ce label ambigu et séduisant. Il veut casser l'organisation de « don Vito » et il lui lance son défi. Le premier flic anti-Mafia est né.

Joe a une obsession. Décrypter les logiques, les dynamiques et les hiérarchies internes à l'organisation mafieuse sicilo-américaine. Ses méthodes sont parfois violentes, mais il est le premier à comprendre des éléments fondamentaux : la structure pyramidale que Cascio Ferro est en train de donner à l'organisation mafieuse ; son caractère sicilo-américain ; son persistant double visage (exploitation des pauvres, mais aussi aide à une partie de ceux qui le demandent en affichant leur soumission) ; besoin systématique du «*padrino*» de tisser des liens privilégiés avec la sphère politique et institutionnelle. Ces éléments resteront fondamentaux dans les études sur Cosa Nostra, la Mafia italo-américaine.

En 1903, le mafieux italien Benedetto Madonia, qui a essayé de s'imposer à l'intérieur du gang de Giuseppe Morello, ami de Cascio Ferro, est assassiné à New York. Il voulait de plus en plus de vrais dollars pour mettre en circulation des faux dollars. Une partie de son cadavre est retrouvée dans un tonneau appartenant à un local cher aux immigrés : « La Stella d'Italia » (L'Étoile d'Italie), à New York. Petrosino croit en sa bonne étoile et il intensifie l'enquête. Il est sur le point de mettre la main sur « don Vito » quand, en 1904, celui-ci rentre en Sicile. Le lieutenant Petrosino va à son tour en Sicile à la chasse aux informations, mais le soir du 12 mars 1909, à Palerme, il trouve seulement le plomb de deux sicaires, envoyés par le « padrino ». Celui-ci est accusé d'avoir coordonné directement l'opération, mais un membre du Parlement, le député Domenico De Michele Ferrantelli, exprime sa solidarité « morale » au «*padrino*», en rajoutant qu'au moment du meurtre il était en train de dîner en sa compagnie. La collusion politico-mafieuse de l'époque moderne était déjà évidente en 1893 avec l'assassinat, à Termini Imerese (Sicile), de l'incorruptible Emanuele Notarbartolo, ex-maire de Palerme. Elle ne fait que continuer.

À New York une foule immense assiste à la cérémonie funèbre du très populaire Joe Petrosino, l'homme qui avait osé défier l'une des plus puissantes organisations criminelles.

De son côté, Cascio Ferro sera mis en prison pendant l'époque fasciste, quand d'autres liens politico-mafieux seront tissés sous la couverture de la politique officielle. Après avoir passé sa vie à profiter des dysfonctionnements de l'État italien, « don Vito » en sera lui-même victime : au moment des bombardements alliés de 1942 sur la région de Naples, il mourra de faim dans sa cellule après avoir été oublié par ses gardiens. La Mafia est capable de suivre les mutations de la politique et les cycles de l'histoire, même si au passage certains mafieux y laissent leur pouvoir et aussi leur peau.

L'année suivante, en 1943, les Anglo-Américains débarquent en Sicile et l'île est conquise avec une impressionnante rapidité. On se demande si des mafieux italo-américains n'ont pas donné un coup de main aux libérateurs. La réponse a été enterrée avec le corps du personnage qui a rendu encore plus redoutable l'organisation mafieuse sicilo-américaine, au point d'avoir probablement été le « parrain » le plus puissant de tous les temps. Son nom était Salvatore Lucania (Lercara Friddi, Sicile, 1897 – Naples, 1962), *alias* Charles Luciano, mais il est resté dans l'histoire du crime (et dans l'histoire tout court) sous le nom de Lucky Luciano. Et dans l'histoire du cinéma également car, en 1973, Francesco Rosi (Naples, 1922) a réalisé un film qui porte son nom.

Luciano a un point en commun avec un futur Premier ministre français car, comme cela arrivera beaucoup plus tard à Dominique de Villepin, Salvatore Lucania échappe à ceux qui voulaient l'éliminer sur un croc de boucher. La seule différence est que, dans son cas, les exécuteurs prenaient au premier degré les désirs de leur chef. Villepin a de quoi se déclarer un homme heureux. Salvatore, qui était arrivé d'Italie à New York en 1905, a participé aux luttes entre gangs et a eu la chance de pouvoir se sauver après avoir été vraiment pendu à un croc de boucher.

Son corps portera pour toujours les signes de cette horrible torture. Mais il échappe à la mort. Charles Luciano devient alors « Lucky » (« le chanceux »). Le chanceux Luciano travaille avec des gangs de différentes origines ethniques (par contre l'éthique était la même pour tous ces gangs : assez rudimentaire). Il veut réunifier et renforcer Cosa Nostra, il trouvera les moyens de se relancer dans le monde du crime et, paradoxalement, aussi dans celui de la légalité apparente. Il n'hésite jamais quand il s'agit d'éliminer un témoin ou un repenti potentiel. Persuadé que « seulement les morts ne parleront jamais », il fait éliminer toutes (ou presque) les personnes qui lui inspirent des doutes. Pendant sa période d'activité, Cosa Nostra multiplie de façon impressionnante ses « affaires » dans les secteurs de la prostitution, du jeu clandestin, de la drogue et du marché « des bras » au port de New York. Tu veux un travail sur les docks ? Il va t'aider.

Avec Luciano, Cosa Nostra commence à être gérée par la « Commission de New York » (rien à voir avec la Commission de Bruxelles) où les principaux clans en activité sont représentés. On décide les frontières entre les zones d'activité des différentes « familles ». Les dix ans que Lucky Luciano passe en prison (1936-1946) sont pour lui presque des vacances, pendant lesquelles au sommet de l'organisation on trouve Vito Genovese (Tufino, Campanie, 1897 – Springfield, USA, 1969) et ensuite Franck Costello (Cassano all'Ionio, Calabre, 1891 – New York, 1973). Pendant la guerre, Lucky Luciano utilise son influence pour aider les autorités à étudier des affaires d'infiltration présumée d'agents allemands parmi les travailleurs portuaires (affaires dont on parlera après l'incendie à bord de l'ex-bateau français Normandie, réquisitionné par les Américains et coulé en 1942). Il est possible qu'il ait aussi aidé – en fournissant informations et contacts – les troupes américaines à l'occasion du débarquement de juillet 1943 en Sicile, ce qui contribuerait à expliquer leur rapide avancée à l'intérieur de l'île. Deux choses sont certaines : 1) Vito Genovese, bras droit de Lucky Luciano, devient en 1943 à Naples l'interprète personnel et aussi un proche collaborateur du colonel Charles Poletti, commandant des troupes alliées dans la ville la plus importante du Sud de la péninsule ; 2) en 1946, Lucky Luciano, qui théoriquement devrait passer encore des dizaines d'années en prison, est gracié et remercié par les États-Unis pour « son aide » au pays (laquelle exactement, on ne le dira jamais), il est libéré et est mis dans un bateau pour l'Italie. L'oncle Sam ne veut plus rien savoir de lui à la seule condition qu'il ne remette jamais un pied sur le sol des États-Unis. En 1946, juste avant la mise en œuvre des aides du Plan Marshall, Washington envoie ce discutable paquet cadeau en Italie : l'indésirable Lucky Luciano, qui pend sa crémaillère à Naples. Pour la retraite complémentaire, il mise sur le trafic mondial d'héroïne. Il meurt dans son lit des suites d'un arrêt cardiaque. Et on le disait sans cœur !

Le terme Mafia est en réalité une expression vague, utilisée par les médias et par les ennemis de la Mafia. Les mafieux n'utilisent jamais le mot Mafia. Si on les interroge, ils diront (comme dans le film satirique *Johnny Stecchino*, de Roberto Benigni) que les problèmes de Palerme sont la circulation et la pollution. Ils ne parleront jamais de la Mafia qui, pour eux, n'existe pas et qui, de toute façon, ne leur cause pas de problème. Les mafiosi siciliens parlent de Cosa Nostra, pas de Mafia. L'expression Cosa Nostra correspond à une organisation précise et elle est normalement utilisée (avec fierté) par les membres de cette dernière. La N'drangheta calabraise est elle aussi une organisation bien précise, qui dispose de ramifications très dangereuses en Europe (surtout en Allemagne). La Camorra napolitaine est l'autre grande organisation de même nature. Ces trois organisations mafieuses italiennes ont une histoire et une géographie. Leur origine – chose rarissime pour une « famille » criminelle – remonte le cours des siècles. La légende dit qu'un jour, il y a six siècles, trois braves chevaliers espagnols (au nom italianisé d'Osso, Mastrosso et Carcagnosso) sont arrivés dans l'île de Favignana (région de Sicile), où ils ont passé presque trente ans dans une forteresse pour expier le sang qu'ils avaient versé pour défendre dans leur pays l'honneur de leur famille. La chose importante est que les trois chevaliers auraient passé ce temps à étudier un « code de la vie sociale ». Voilà la présumée « noblesse » du code mafieux de l'honneur, basé sur le respect absolu des chefs et sur le respect du secret (*omertà*).

Pendant le grand procès de Cosa Nostra, à Palerme entre 1986 et 1987, un inculpé s'est présenté devant les juges avec les lèvres vraiment cousues. Une grille faite de plusieurs aiguilles qui lui traversaient et paralysaient la bouche, montrant ainsi à tout le monde sa volonté de respecter le principe de l'*omertà*. Il aurait pu passer à la postérité comme l'inventeur du piercing. Pour revenir à la légende, on dit que les trois chevaliers espagnols, après avoir quitté l'île de Favignana, sont allés chacun dans une région de l'Italie méridionale pour prêcher – comme des évangélisateurs – les « principes de la vie sociale ». Un en Sicile, où sa prédication provoque la naissance de la Mafia ; un en Calabre, où naît la N'drangheta ; un en Campanie, où naît la Camorra napolitaine. De cette façon, les organisations secrètes mafieuses cultivent pendant des siècles l'idée d'avoir une origine noble dans tous les sens du terme, en contribuant en réalité, parfois de façon violente, à la perpétuation d'un système social particulièrement arriéré. Au cours des siècles, les trois grandes organisations mafieuses de l'Italie méridionale mettent au point leur stratégie envers l'État, qui est à l'époque la monarchie basée à Naples : elles acceptent formellement l'autorité de l'État ; leurs hommes infiltrent les institutions de l'État ; elles se proposent à la société réelle (chaque organisation sur son territoire) comme une partie de l'État et comme une alternative au pouvoir de l'État. L'État peut changer, mais l'organisation mafieuse reste à sa place.

Dans l'Italie de l'immédiat après-guerre, les opportunités d'accumuler l'argent ne manquent pas et les trois créatures d'Osso, Mastrosso et Carcagnosso se montrent très actives. Une opportunité est extrêmement attrayante : l'immobilier. De Milan à Palerme, de Bologne à Naples, de Turin à Bari, les villes italiennes sont les protagonistes d'une expansion sans précédent. On construit, on construit partout. On construit sans faire attention à rien. Aux lois, aux règles, aux possibles inondations, aux tremblements de terre. Même le Vésuve ne fait pas peur à la nouvelle armée du béton, qui recouvre la péninsule en faisant le bonheur de ses habitants. La famille italienne veut à tout prix posséder son appartement. C'est comme cela, qu'au début du XXIe siècle, quatre familles italiennes sur cinq sont propriétaires de leur appartement. Mais, revenons à l'après-guerre et aux organisations mafieuses. La nouvelle richesse de l'Italie libre, républicaine et démocrate-chrétienne est donc la brique. C'est surtout (pas seulement) en Campanie, Calabre et Sicile que les organisations criminelles se lancent, armes et bagages, dans les spéculations sur les terrains, les constructions et les transactions immobilières. Vendus comme agricoles, les terrains de la banlieue des grandes villes voient pousser des immeubles comme des champignons, tandis que les municipalités se chargent (sur le dos du contribuable) des frais pour la construction des rues, des égouts et de tout le reste. Le citoyen paie deux fois (comme acheteur de l'appartement et comme contribuable), mais les prix sont relativement limités et tout le monde est content. Le réalisateur Francesco Rosi raconte ce chapitre de l'histoire criminelle italienne dans son film *Mani sulla città* (*Main basse sur la ville*), sorti en 1963. Main basse aussi sur les campagnes.

Il faudrait mériter le Nobel de la naïveté pour imaginer qu'un chef mafieux comme Vito Genovese, arrivé en Sicile en 1943 avec les troupes américaines, et devenu collaborateur du commandant allié à Naples, n'ait pas profité de sa présence et de son rôle pour jeter les bases de futures activités mafieuses, strictement liées à la reconstruction. La reconstruction a eu lieu et les activités mafieuses aussi. Avec la rapide industrialisation du pays, dans les années 1950-1960 se pose un problème particulier dont en Italie on parle très peu : l'élimination des déchets. La Camorra napolitaine se spécialise dans ce secteur, en martyrisant les campagnes de cette partie de l'Italie. L'un des principes de la Camorra est «*la monnezza è oro*», phrase qui en napolitain signifie qu'on peut obtenir de l'or à partir des déchets. Alchimie mafieuse. Plus les déchets sont dangereux pour l'homme, plus ils sont rentables pour la Camorra. C'est l'histoire très bien décrite dans le livre *Gomorra* de Roberto Saviano (Naples, 1979) et dans le film du même nom, réalisé par Matteo Garrone (Rome, 1968), sorti en 2008. Une partie de l'Italie «propre» s'est faite la complice de ce crime consistant à éliminer les déchets industriels provenant du Nord de la péninsule dans les campagnes napolitaines.

Dans un État normal, comme chacun de nous le rêve, les pouvoirs publics se chargent de légiférer (entre autres) en matière de gestion de déchets dangereux et de prendre toutes les dispositions nécessaires. En Italie, on a fermé les yeux pendant des décennies sur l'enfouissement clandestin de déchets dangereux dans les campagnes de la région de Naples. Ceux qui voyaient le scandale ont préféré regarder ailleurs. Pour l'Église catholique, par exemple, il était plus facile de célébrer le miracle de San Gennaro que de dénoncer les risques de la pollution. Décennie après décennie, les campagnes parmi les plus belles et fertiles d'Europe ont digéré des tonnes et des tonnes de produits dont on ne connaît ni la provenance précise ni l'exacte nature. Tout cela à cause d'une organisation comme la Camorra, dont les membres ont été longtemps respectés sur le plan local et même national, en arrivant à se substituer à l'État quand celui-ci n'a pas été capable de faire son métier. Les organisations mafieuses prennent aussi la place des banques, qui surtout dans l'Italie du Sud n'aiment pas prêter de l'argent aux personnes lambda. C'est ainsi que beaucoup d'artisans, de commerçants et de petits entrepreneurs ont accepté les prêts mafieux, en scellant ainsi leur destin (et parfois, en signant leur arrêt de mort) à cause des taux d'intérêt usuriers pratiqués par ces banques clandestines.

Mafia, Camorra et N'drangheta ont cru pouvoir annihiler toute résistance à une époque où l'Italie était déstabilisée par des scandales et par des révélations d'une gravité particulière. Le journaliste Giuseppe, dit Peppino, Impastato (Cinisi, Sicile, 1948 – Cinisi, 1978) a créé en 1977 à Terrasini, près de Palerme, une radio libre, Radio Aut, d'où il défie systématiquement les chefs mafieux locaux et, en particulier, le boss de Cinisi, Gaetano Badalamenti (Cinisi, 1923 – Ayer, USA, 2004). Les sicaires de Badalamenti l'assassinent le 9 mai 1978. En 2000, son histoire sera relatée dans le film *I Cento Passi* (*Les cent pas*), réalisé par Marco Tullio Giordana (Milan, 1950), qui devient un succès international. Cent pas entre le domicile du mafieux et celui de sa victime. Un autre héros anti-Mafia, issu de la société civile, est l'avocat milanais Giorgio Ambrosoli (Milan, 1933 – Milan, 1979). Il est assassiné par un sicaire engagé par le célèbre financier Michele Sindona (Patti, Sicile, 1920 – Voghera, Lombardie, 1986). Ce dernier contrôle la Banca Privata Italiana, dont l'avocat Ambrosoli a été nommé commissaire liquidateur. Ambrosoli veut aller jusqu'au bout de sa mission. Il étudie de près les activités de Sindona, ouvrant ainsi la boîte de Pandore des vieux et des nouveaux maux de l'Italie. Sindona a des liens avec tous ou presque tous les milieux qui s'enrichissent illégalement sur le dos du pays. Il est surtout lié à Cosa Nostra, qui a besoin de blanchir son argent sale. Sindona est (au moins jusqu'à la moitié des années 1970) un homme très respecté par les institutions italiennes et internationales. Surtout américaines.

Comme beaucoup de personnalités de premier plan de la politique, de la diplomatie, de la communication et des affaires (y compris un certain Silvio Berlusconi et y compris le député Fabrizio Cicchitto, de l'aile gauche du Parti socialiste, qui deviendra l'un des chefs du parti berlusconien et qui créera ensuite, en novembre 2013, le « Nouveau Centre-Droite » avec d'autres transfuges du berlusconisme), Sindona est membre de la loge maçonnique P2. Celle-ci est devenue un centre de pouvoir autonome, opaque et dangereux, mêlé à plusieurs projets de déstabilisation du pays. Sindona a aussi une relation peu claire (selon certains commentateurs, elle est toutefois trop claire) avec les milieux financiers proches du Vatican. Y compris avec le banquier Roberto Calvi, retrouvé pendu à Londres, en juin 1982, sous le Blackfriars Bridge (le pont des Frères noirs). Tout un programme ! Calvi bénéficiait des garanties et de la protection offertes à ses membres par la Loge P2, découverte et dissoute en 1981. Calvi est désormais seul ; il est alors courtoisement aidé à se suicider. On ne sait pas encore tout de la complexe toile politico-financière de l'Italie de cette époque, mais on est sûr que, dans ce tourbillon de scandales et de cadavres, le problème du blanchiment a eu une place fondamentale. En 1979, Michele Sindona est arrêté aux États-Unis, où il est traditionnellement en relation avec la famille mafieuse des Gambino. Il est condamné et ensuite extradé en Italie pour le procès relatif à l'homicide Ambrosoli, qui se termine par sa condamnation à perpétuité. Perpétuité de courte durée car Sindona promet de faire certaines révélations. Avant même de prononcer un seul mot, il est victime d'un café empoisonné. Sans sucre, mais avec cyanure. Expresso à la mafieuse. *What else ?*

Les enquêtes sur Roberto Calvi et Michele Sindona montrent le niveau inquiétant de la relation privilégiée entre milieux mafieux et milieux considérés jusqu'alors (et même ensuite) comme tout à fait respectables. Encore en 1974, l'ambassadeur américain à Rome parlait de Sindona comme d'un personnage exemplaire. Les révélations sur Calvi et sur Sindona sont des électrochocs pour l'opinion publique. D'autres électrochocs se succéderont. Le 6 janvier 1980, les sicaires assassinent le président de la région Sicile, Piersanti Mattarella (Castellamare del Golfo, Sicile, 1935 – Palerme, 1980), un responsable de la DC qui refuse corruption et chantage.

Le 30 avril, Pio La Torre (Palerme, 1927 – Palerme, 1982), chef du PCI sicilien, est assassiné avec son chauffeur-garde du corps. Le gouvernement envoie dans l'île le général des Carabinieri, Carlo Alberto Dalla Chiesa (Saluzzo, Piémont, 1920 – Palerme, 1982), nommé préfet à Palerme. Il est tué (avec son épouse) le 3 septembre. Cent jours ont suffi à Cosa Nostra pour l'éliminer, d'où le titre du film sur sa fin tragique ; *Cento giorni a Palermo* (*Cent jours à Palerme*) du réalisateur Giuseppe Ferrara (Castelfiorentino, région Toscane, 1932) avec Lino Ventura (Parme, 1919 – Saint-Cloud, 1987) dans la peau du général Dalla Chiesa. Mattarella, La Torre et Dalla Chiesa avaient une chose en commun : ils sollicitaient des lois plus efficaces pour lutter contre Cosa Nostra et les autres organisations mafieuses.

Ils ont dû mourir pour que le gouvernement et le Parlement entendent leur message.

La réponse est finalement arrivée. Mieux vaut tard que jamais. Le 13 septembre 1982, dix jours après la mort de Dalla Chiesa, le gouvernement donne le feu vert à la « Loi Rognoni-La Torre », des noms du ministre DC de l'Intérieur et de la personnalité communiste qui avait perdu la vie pour avoir toujours suggéré l'adoption de nouvelles mesures anti-Mafia. Cette loi introduit dans le Code pénal un nouveau type de crime (la de conspiration mafieuse) et prévoit la possibilité de confisquer (avec réutilisation sociale) des biens acquis de façon « mafieuse ». On décide aussi de poursuivre pour crime tout « concours extérieur » à une « association mafieuse ». C'est un tournant fondamental. La valeur des biens saisis par l'État, deviendra considérable. Désormais, pour les mafieux, il ne suffit plus d'enregistrer officiellement un bien au nom d'une autre personne (un homme de paille) car les fréquentations mafieuses seront suffisantes pour déterminer la perte d'un immeuble ou d'une Ferrari (ou de tout autre bien). Dans un premier temps, le jeu des menaces contre l'utilisation et la revente des biens « entachés de sang » a un certain effet, et nuit à l'application concrète de la loi. Mais ensuite les choses vont dans la bonne direction, grâce aussi à la présence de communautés de jeunes, coopératives de travailleurs et autres organisations (laïques et catholiques), qui ont le courage d'utiliser dans un but social les biens (surtout les surfaces agricoles) confisqués aux mafieux. Une bonne façon de lutter en même temps contre le chômage et contre le crime organisé.

La loi punissant le « concours extérieur » à une « association mafieuse » aura un développement important et surprenant. Le 25 mars 2013, l'homme d'affaires et ex-sénateur Marcello Dell'Utri (Palerme 1941) est condamné en appel à sept ans de prison pour ce délit. Dell'Utri est, depuis le début des années 1970, un personnage fondamental de la stratégie berlusconienne. Septembre 2013, le jury milanais publie le document explicatif de ce verdict. On peut y lire que Dell'Utri a organisé en mai 1974 une rencontre entre son ami Silvio Berlusconi (à ce moment entrepreneur dans le secteur immobilier) et les *boss* mafieux Stefano Bontate et Mimmo Teresi. Le jury affirme que cette rencontre a été « la genèse de la relation qui a lié l'entrepreneur Berlusconi et Cosa Nostra, avec la médiation constante et active de l'inculpé », c'est-à-dire de Marcello Dell'Utri. Les magistrats affirment qu'à l'occasion de la rencontre de mai 1974 un authentique pacte d'alliance a été signé. « Un accord – dit le jury – va lier Berlusconi, Dell'Utri et Cosa Nostra jusqu'en 1992 ». En 1974 (à l'époque de sa gigantesque opération immobilière « Milano 2 », réalisation d'une « ville nouvelle » de grand luxe près de Milan), Berlusconi embauche dans sa pharaonique résidence d'Arcore, près de Milan, un nouveau palefrenier et jardinier. Il s'appelle Vittorio Mangano (Palerme, 1940 – Palerme, 2000) ; il sera condamné à perpétuité pour deux assassinats mafieux. Dans leur rapport de 500 pages, rendu public en septembre 2013, les magistrats de Milan disent que l'organisation mafieuse Cosa Nostra a exigé la présence de l'un de ses représentants à l'intérieur du domicile de la famille Berlusconi.

Le jury de Milan parle d'un accord pour la protection personnelle de Berlusconi de la part de la Mafia en échange d'argent. Pendant les années 1980, le clan des « Corleonesi » (la famille mafieuse originaire de Corleone) prend le pouvoir au sein de Cosa Nostra en Sicile au détriment de celui de Bontate. Totò Riina est le chef des « Corleonesi », qui représentent l'aile la plus violente de l'organisation mafieuse. Il obtient que Berlusconi double les paiements en échange de sa protection (et, certainement, celle de sa famille). Pendant cette période, Bettino Craxi, grand ami de Berlusconi, est le chef du Parti socialiste et parfois aussi du gouvernement. En septembre 2013, les juges de Milan se disent persuadés que Dell'Utri faisait parvenir l'argent de Berlusconi à Riina par le biais de deux médiateurs liés à la Mafia, et rajoutent que Riina voyait en Dell'Utri « un contact déterminant pour arriver à Berlusconi et donc, selon lui, à Craxi ». C'est l'opinion des magistrats milanais ayant traité ce dossier. Je cite leurs phrases pour montrer que les Mafias ont toujours essayé d'influencer tout pouvoir politique et économique présent en Italie.

Revenons à la moitié des années 1980, quand la lutte contre la Cosa Nostra est heureusement favorisée par une bonne nouvelle : un mafieux de très haut niveau accepte de collaborer avec la justice, en faisant des révélations d'une importance capitale au sujet de l'organisation, des habitudes et de la mentalité de Cosa Nostra. Il s'agit de Tommaso Buscetta (Palerme, 1928 – New York, 2000), dit « don Masino », arrêté au Brésil et extradé aux États-Unis, où il commence sa collaboration avec la justice. Une fois en Italie, il donne aux magistrats – en particulier au juge Falcone – une véritable « leçon de Mafia ». Buscetta est une mine d'informations. Il explique exactement les mécanismes du pouvoir et d'influence à l'intérieur de Cosa Nostra, qu'il décrit comme une organisation structurée de façon compacte, organique et très précise, dominée par un pouvoir central (la « *cupola* », le dôme). Cosa Nostra n'est pas – comme autrefois la Mano nera – un label à disposition de n'importe qui, mais une organisation unique, unie et déterminée à rester telle (même si parfois l'unité est reconstituée par des confrontations sanglantes et par le massacre du clan ayant perdu la « guerre de Mafia »). Avec les autres chefs mafieux, Buscetta a un compte ouvert qui ne cesse de grandir : quatorze membres de sa famille, dont deux de ses huit fils, sont assassinés à différents moments. Après une tentative de suicide, « don Masino » a choisi la justice.

En 1986, l'Italie découvre Tommaso Buscetta sur le banc des témoins au « maxi processo di Palermo », le super-procès de Palerme, un événement jusque-là inimaginable, qui voit en décembre 1987 un verdict encore plus inimaginable : sur 475 personnes incriminées (dont 119 par contumace), 360 sont reconnues coupables. Les 19 chefs de Cosa Nostra sont condamnés à la perpétuité. Les autres totalisent 2 665 ans de prison.

À l'époque du super-procès de Palerme, le gouvernement prend une autre décision : le changement de la loi sur les prisons avec l'introduction de normes particulièrement dures pour les chefs mafieux en détention, habitués jusque-là à diriger leurs affaires malgré l'absence de liberté, grâce à une chaîne de complicités diverses et variées. Les mafieux les plus dangereux sont désormais isolés (ou presque) du monde. Finie l'époque où les parrains fêtaient leur anniversaire en prison, avec caviar et champagne. La vie devient dure pour les mafieux en prison et aussi pour ceux qui sont en cavale.

À l'intérieur de Cosa Nostra le pouvoir est désormais dans les mains de ceux qui, comme Riina et les Corleonesi, veulent élever le niveau de la « guerre » avec l'État. Ceux qui avaient jusque-là œuvré comme « pont » entre légalité et crime sont désormais marginalisés ou éliminés. C'est le cas du député européen de la DC Salvo Lima (Palerme, 1928 – Palerme, 1992), maire de Palerme pendant les périodes 1958-1963 et 1965-1968, personnage fondamental de la DC sicilienne, très lié au président du Conseil Giulio Andreotti. Lima est assassiné par Cosa Nostra le 12 mars 1992. On voit clairement le message adressé par les Corleonesi à la DC nationale et à toutes les personnalités qui avaient jusqu'ici une entente secrète avec les milieux mafieux : « N'imaginez pas pouvoir nous oublier sans courir de gros risques ! ». La période 1992-1993 est sanglante. À Milan (et ensuite dans l'Italie tout entière) l'enquête « Mains propres » élimine une grande partie de la vieille classe politique. Surtout au sein de la DC et du PSI. On parle de « fin de la Première République ». Mais en Italie il n'y a pas de Général De Gaulle et la nouvelle République ne sera pas meilleure que la précédente. Tandis que les yeux de l'Italie et du monde sont fixés sur l'enquête anti-corruption à Milan, l'aile la plus dure de Cosa Nostra, désormais au pouvoir au sein de l'organisation, lance une campagne impressionnante d'attentats dans la péninsule. Dans un premier temps, Cosa Nostra veut la fin de la marginalisation de ses chefs en prison. Dans un second temps, on peut tout imaginer. Y compris le désir de négocier avec l'État un *modus vivendi* qui serait (selon les mafieux) avantageux pour tout le monde.

Cosa Nostra fait alors une petite démonstration de sa conception de négociation. Assassinat, le 23 mai 1992 à Capaci (près de Palerme), du juge Giovanni Falcone, de son épouse et de son escorte. L'autoroute explose littéralement au passage des voitures blindées. Un massacre. Un cataclysme. Assassinat, le 19 juillet 1992 à Palerme, de l'autre, célèbre et incorruptible, juge anti-Mafia, Paolo Borsellino, et de cinq autres personnes. Cent kilos d'explosifs étaient cachés dans une voiture piégée. Palerme comme Beyrouth. Florence également. Pendant la nuit du 26 au 27 mai 1993, une voiture piégée (250 kg d'explosifs) explose près du Musée des Uffizi en tuant cinq personnes et en provoquant de graves dégâts au patrimoine artistique national. Il n'y a pas de revendication (les messages mafieux sont toujours cryptés), mais la signification est claire : c'est un défi frontal de Cosa Nostra à l'État italien en tant que tel. Le compromis ou la lutte à mort. Le même message est écrit dans le sang à Milan, pendant la nuit du 27 au 28 juillet 1993 : de nouveau une voiture piégée, près du Padiglione dell'arte contemporanea, l'exposition d'art contemporaine ; cinq morts. Encore une fois cette idée de blesser le patrimoine artistique, comme pour toucher le cœur et l'âme de l'Italie. Le 15 septembre 1993, le prêtre anti-Mafia don Pino Puglisi est assassiné à Palerme. C'est un Calvaire. Après l'art, la religion. Jusqu'où iront-ils ? Qu'y a-t-il de plus sacré en Italie ? La Mafia connaissait la réponse à cette question. Le 31 octobre, une voiture piégée aurait dû exploser à Rome au milieu de la foule sortant du stade après le match de football Lazio-Udinese. Un pur hasard technique a évité un massacre. Il y aurait eu des dizaines de victimes. Peut-être plus. Cosa Nostra était prête à infliger à l'Italie un bain de sang sans précédent.

À ce moment, l'attitude de « Cosa Nostra » change. D'une stratégie offensive, basée sur les massacres et des menaces de plus en plus criminelles envers la société italienne, l'organisation mafieuse passe à une stratégie beaucoup plus prudente. Les équilibres au sommet de Cosa Nostra ont changé après l'arrestation, en janvier 1993, du chef Totò Riina, principal responsable de la stratégie des massacres et de l'utilisation sans aucun discernement d'explosifs. Le pouvoir passe à l'autre grand chef de l'organisation criminelle, Bernardo Provenzano qui sera arrêté en 2006 dans une ferme à Corleone après une cavale de 43 ans. Sur le plan financier, les créatures d'Osso, Mastrosso et Carcagnosso commencent, pendant ces années 1990, à être en sérieuse difficulté suite à la chasse aux paradis fiscaux de la part de l'Italie, de l'Europe et des organisations internationales. La naissance de la monnaie unique implique une meilleure coordination entre pays européens, qui exercent aussi des pressions sur les États plus laxistes quant à la circulation de l'argent opaque. Sur le plan politique, l'Italie change en avril 1994 : naissance de la IIe République et naissance du premier gouvernement dirigé par Silvio Berlusconi.

Une chose surtout a changé. La plus importante de toutes : la société italienne et même sicilienne ne digèrent plus la présence criminelle de la Mafia. Les parrains sont en train de perdre la condition fondamentale de leur pouvoir : le contrôle du territoire. Malgré l'assassinat de Peppino Impastato, d'autres journalistes ne se laissent pas intimider. Ils sont menacés, parfois tués, mais d'autres reprennent encore, et encore, le flambeau. Même état d'esprit chez les magistrats, les policiers, les prêtres, les enseignants, les étudiants. Le jour de l'arrestation de Provenzano, en 2006, plusieurs lycées de l'île arrêtent les cours parce que les étudiants veulent sortir dans les rues pour manifester leur joie. En Sicile, les choses ont changé beaucoup plus qu'en Calabre. Le contrôle social de Cosa Nostra sur la Sicile est fini (espérons pour toujours), même si la société sicilienne garde sa méfiance vis-à-vis de l'État italien et même si le danger mafieux est toujours bien présent et bien réel.

Le changement de situation en Sicile s'est également effectué grâce à l'intervention directe d'un chef d'État étranger. Devinez lequel ! Il s'agit du Pape Jean-Paul II, chef de l'État du Vatican. Sa visite en Sicile au moment le plus terrible de la stratégie des massacres et, en particulier, son discours à Agrigente du 9 mai 1993 ont été vécus par Cosa Nostra comme un terrible coup de massue. Karol Wojtyla n'a pas eu peur de Brejnev, il ne va certainement pas trembler à cause de Riina et Provenzano. Devant la foule d'Agrigente et devant les caméras du monde entier il dit : « *Questo popolo, popolo siciliano, talmente attaccato alla vita, popolo che ama la vita, che dà la vita, non può vivere sempre sotto la pressione di una civiltà contraria, civiltà della morte ! Lo dico ai responsabili : convertitevi ! Una volta, un giorno, verrà il giudizio di Dio !*» (« Ce peuple, le peuple sicilien, si attaché à la vie, peuple qui aime la vie, qui donne la vie, ne peut pas vivre toujours sous la pression d'une civilisation contraire, la civilisation de la mort ! Je le dis aux responsables : "Convertissez-vous ! Un jour viendra le jugement de Dieu !" »). Il cite aussi publiquement, avec un mépris évident, le mot « Mafia », comme l'avait fait le général Dalla Chiesa en sachant qu'il prenait ainsi un risque énorme, parce que cet acte est un défi implicite à Cosa Nostra.

Mais jusqu'où peut aller ce changement ? La réponse dépend largement de la capacité de l'État italien à conquérir ce qui lui a fait cruellement défaut pendant un siècle et demi d'histoire : la vraie confiance des citoyens. Beaucoup d'Italiens se sont sacrifiés pour leur État, et beaucoup pensent que cet État, incapable d'être juste et efficace, ne méritait pas ce sacrifice. Plus la société italienne changera, plus l'État italien changera et plus les organisations mafieuses seront forcément en difficulté. Sans sous-estimer l'importance de l'action policière, le défi est plus profond. Il est « culturel ». Il faut tuer une culture mafieuse qui divise les êtres humains entre eux, en donnant tous les pouvoirs aux « hommes d'honneur » et en considérant la vie des autres moins importante que celle des animaux.

L'écrivain Léonardo Sciascia (Racalmuto, Sicile, 1921 – Palerme, 1989) est l'auteur du roman *Il giorno della civetta* (*Le jour de la chouette*), 1961. Il y décrit un personnage mafieux (don Mariano Arena), qui devient la cible des enquêtes d'un officier des Carabinieri, le capitaine Bellodi. En 1968, le réalisateur Damiano Damiani s'est inspiré de ce livre pour le film du même titre, avec Franco Nero, Claudia Cardinale et Serge Reggiani. Livre et film nous proposent la répartition des êtres humains faite selon le «*padrino*» Mariano Arena (personnage romanesque et en même temps terriblement «vrai»). Une «échelle sociale» très significative pour comprendre la mentalité mafieuse : tout en haut, on a les vrais hommes ; ensuite, en descendant, on trouve les mi-hommes, les petits hommes (les *ominicchi*, en sicilien) ; et, plus bas, on trouve ceux qui courbent toujours l'échine (définis par l'expression vulgaire de *piglainculo*, ceux qui se font entuber le sourire aux lèvres) et, enfin plus bas encore, on trouve la masse de ceux qui se limitent à parler pour rien dire (les *quaquaraquà*). La vie de ces derniers – qui parlent et sont toujours au service des puissants – ne vaut pas mieux que celle des oiseaux (ils font «*qua qua*» et font penser aux canards qu'on tue à la chasse). Le mafieux Mariano Arena se pose à la fois comme organisateur et comme repère d'une population qu'il méprise : un troupeau à la recherche d'un chef, d'un patron, d'un parrain. Peppino Impastato était le fils d'un petit mafieux, qu'il appelait *leccaculo*, le lèche-cul du «parrain». Et pourtant son message était : «*Io voglio scrivere che la mafia è una montagna di merda ! Io voglio urlare che mio padre è un leccaculo ! Noi ci dobbiamo ribellare. Prima che sia troppo tardi ! Prima di abituarci alle loro facce ! Prima di non accorgerci più di niente !*» («Je veux écrire que la Mafia est une montagne de merde ! Je veux crier que mon père est un lèche-cul ! Il faut se révolter. Avant qu'il ne soit trop tard. Avant qu'on se soit habitués à leurs visages. Avant qu'on ne se rende plus compte de rien !» Lancer ce message était un suicide. On peut espérer qu'une nouvelle génération de jeunes pourra dire les mêmes choses de la Mafia sans avoir un père mafieux et sans payer si cher leur cri de justice.

La lutte contre les organisations mafieuses est un engagement mondial. Mais la bataille culturelle pour enterrer définitivement Osso, Mastrosso et Carcagnosso, est surtout l'affaire des Italiens. Elle n'est pas finie. Elle est toujours difficile. Les Italiens ne gagneront pas contre les Mafias s'ils n'arrivent pas à s'améliorer eux-mêmes. Pour gagner contre les Mafias, les Italiens doivent réfléchir sur eux-mêmes et soigner leurs vieux vices. Y compris celui d'admirer, dans le secret de leur cœur, les personnes qui dans la vie ont plus de succès que de scrupules. Les personnes qu'on appelle les *furbi*.

Les « trop malins »

En 1921, l'écrivain Giuseppe Prezzolini (Pérouse, 1882 – Lugano, Suisse, 1982) publie un ouvrage composé d'une collection d'aphorismes. Le titre est : *Codice della vita italiana* (*Code de la vie italienne*). Le premier chapitre est consacré à la distinction entre « *furbi e fessi* », qui est à son avis le clivage fondamental entre Italiens. La signification de ces mots, absolument claire pour un Italien, n'est pas simple à traduire dans une autre langue. Mais je vais faire de mon mieux. En gros, le *furbo* est le malin et le *fesso* est le candide. Mais le *furbo* n'est pas seulement malin et fourbe. Il est également terriblement bête, fier de se sentir supérieur aux autres car il ne respecte pas les règles. Il peut être servile dans son comportement, mais il est profondément arrogant dans sa tête. Le *furbo* est un individu mesquin, souvent vulgaire et toujours prêt à utiliser les armes de l'hypocrisie. Il croit que les autres sont *fessi* parce qu'ils paient leurs impôts, leur billet de train et – signe suprême de stupidité – font même la queue au guichet pour le payer. *Fesso* peut être considéré comme une insulte (car, au premier degré, il s'agit en italien d'un « gentil stupide »), mais c'est en réalité un compliment. Ou alors, *furbo* peut être considéré comme un compliment, mais c'est en réalité une insulte. Une fois un ami très âgé, journaliste communiste et ex-résistant, m'a dit :

« Alberto pendant ma vie j'ai été un *fesso*, et j'en suis fier ». Les deux termes en question sont tellement difficiles à traduire en français que je préfère les laisser en italien, en vous proposant de lire ces extraits du chapitre premier (dont le titre est « À propos des *furbi* et des *fessi* ») du *Code de la vie italienne*, écrit par Prezzolini il y a presque un siècle. Le temps n'a pas changé beaucoup de choses. Voilà ce texte en français :

> Les Italiens se divisent en deux catégories : les « *furbi* » et les « *fessi* ». Il n'y a pas une définition du « *fesso* ». Mais si une personne paie la totalité de son billet ferroviaire, déclare tous ses revenus au fisc, tient sa parole même contre ses intérêts,… cette personne fait partie de la catégorie des « *fessi* »… Il ne faut pas confondre le « *furbo* » et l'intelligent. L'intelligent fait souvent partie de la catégorie des « *fessi* ». Le « *furbo* » a toujours une responsabilité qui n'a pas été obtenue à cause de ses capacités, mais à cause de son habilité à faire croire de les avoir… Les « *fessi* » ont des principes ; les « *furbi* » seulement des fins.

Mais la phrase la plus intéressante est la suivante, que je cite également en langue italienne : « L'Italien a un tel culte pour les ruses, qu'il arrive à admirer ceux qui s'en servent contre lui » (« *L'italiano ha un tale culto per la furbizia, che arriva persino all'ammirazione di chi se ne serve a suo danno* »). Ces derniers mots sont terriblement actuels. Ils semblent avoir été écrits pendant l'époque berlusconienne, celle qui a dévalorisé les principes moraux en exaltant systématiquement le « paraître » au détriment de l'« être ». Quand les gouvernants disent eux-mêmes que la fraude fiscale est « compréhensible » et quand un ex-président du Conseil est lui-même condamné pour fraude fiscale, que peuvent penser les citoyens ? Certains pensent qu'un jour les choses devront changer en mieux. Mais beaucoup de citoyens-électeurs pensent que dans un monde de *furbi*, c'est très bien si le pouvoir est dans les mains du plus malin de la compagnie.

Le jeu d'opposition *furbi-fessi* a inspiré une grande quantité de films italiens. L'un d'eux a été joué par Totò dans un style qui rappelle celui de Charlie Chaplin. C'est, à mon avis, le plus émouvant, de tous les films du grand acteur comique napolitain. Il s'agit de *Siamo uomini o caporali*, sorti en 1955. D'un côté l'« homme », le *fesso*, qui travaille et paie pour tous, et de l'autre les membres de la petite catégorie des « caporales », les *furbi* qui arrivent toujours à profiter de n'importe quelle situation. En revanche, Totò interprète le personnage du *furbo* dans le film *Tototruffa 62*. L'histoire d'un arnaqueur plutôt malin, qui arrive à vendre la Fontaine de Trevi. Et si la fontaine a été vendue seulement dans l'imaginaire du septième art, une enquête journalistique a révélé qu'au XXIe siècle les marchands autour de ce lieu célèbre, à Rome, occupent le sol public dans des conditions bien étranges. Comment ont-ils obtenu le droit de faire leurs commerces dans la rue, dans l'un des endroits les plus fréquentés par les touristes ? Qui les a aidés ? Un oncle cardinal, la maîtresse d'un député ou le copain d'école du fils de l'adjoint au maire de Rome ? Peu importe de le savoir. L'essentiel est qu'une fois de plus « l'art de la débrouille » (« *l'arte di arrangiarsi* », comme on dit en italien et comme le dit le titre du film réalisé en 1954 par Luigi Zampa) a été plus fort que la loi.

Encore au XXIe siècle, pour beaucoup d'Italiens, la seule règle qui compte est celle de la « débrouille ». Ce concept est également perceptible en italien dans le mot « *cavarsela* », utilisé dans *Io speriamo che me la cavo* titre commun du livre de l'instituteur Marcello d'Orta (Naples, 1953 – Naples, 2013) et du film dirigé en 1992 par la réalisatrice Lina Wertmüller (Rome, 1928). Une sorte de *Guerre des boutons* à la napolitaine, le récit touchant d'un instituteur et de ses élèves : un groupe d'enfants pauvres de Naples, pour lesquels l'acte de « se débrouiller » devient une nécessité et même une morale. Le film *I soliti ignoti* (en France

Le Pigeon), sorti en 1958 et dirigé par Mario Monicelli, avec Vittorio Gassman, Marcello Mastroianni, Totò, Renato Salvatori, Claudia Cardinale et Carla Gravina, nous dresse le tableau de la périphérie romaine au milieu des années 1950 : celui d'une société honnêtement malhonnête où voler est presque la seule façon de « travailler ». Le film nous propose le dialogue suivant. Peppe (Gassman) demande à un adolescent : « *Dimmi un po'ragassolo, tu conosci un certo Mario che abita qua intorno* ? » (« Dis-moi garçon, connais-tu un certain Mario qui vit dans les parages ? »). Réponse : « *Qui de Mario ce ne so'cento !* » (« Ici, on a cent Mario »). Et Peppe : « *Oh sì va bene, ma questo l'è uno che ruba...* » (« Ah oui ! Mais le mien est un voleur... »). Et le garçon : « *Sempre cento so' !* » (« Ils sont toujours cent ! »).

L'extraordinaire dynamisme des *furbi* dans la société et dans l'économie est l'énième conséquence de la faiblesse et de la mauvaise organisation de l'État italien. Une grande partie de l'économie est « souterraine » – elle ne respecte ni les règles fiscales ni toute autre règle (comme celle de la protection de la vie des travailleurs dans les chantiers). La Cour des comptes italienne estime l'évasion fiscale à 130 milliards d'euros par an. À partir des années 1980, certains hommes politiques ont voulu se montrer décomplexés, en affichant publiquement leurs ruses comme un signe de modernité. Le protagoniste de cette opération a été Bettino Craxi (Milan, 1934 – Hammamet, 2000), chef du Parti socialiste italien (PSI) à partir de 1976. À ce moment, DC et PCI dépassaient les 30 % des voix, tandis que le PSI n'arrivait pas à 10 %. La stratégie de Craxi était d'enlever des voix aux communistes, en se présentant à l'opinion publique comme le représentant d'une gauche moderne et décomplexée. D'où son interprétation flexible de la morale en politique. Comme si les règles morales étaient le poussiéreux héritage d'une autre époque. Ce qui compte est le résultat, la modernisation du pays, la fin des vieux scrupules d'une gauche incapable (selon Craxi) de se mettre à table avec le capitalisme. Un véritable hymne au rôle des *furbi* en politique, qui a provoqué une dure polémique avec le chef du PCI Enrico Berlinguer (Sassari, 1922 – Padoue, 1984). Bettino Craxi est devenu l'incontournable allié de la DC en accusant systématiquement le PCI d'être « archaïque ». Il devra quitter l'Italie pour éviter la prison et il mourra en Tunisie après avoir été identifié par les Italiens comme le symbole de la corruption. Souvent les *fessi* préfèrent fermer les yeux sur la réalité, mais ils deviennent méchants quand ils s'aperçoivent qu'ils ont été trompés.

Le cinéma italien filme le personnage du « trop malin » à toutes les sauces. En 1955, Federico Fellini réalise un vrai chef-d'œuvre *Il Bidone*, qui met en scène des *furbi* dans une sauce bien dégoûtante. C'est une bande d'individus sans scrupule, qui arnaquent les pauvres gens. Avec sa propension à tout concevoir sur la base de son simple intérêt personnel, le *furbo* peut devenir un véritable « monstre ». Telle est la clé du film *I Mostri* (*Les Monstres*), de Dino Risi (Milan, 1916 – Rome, 2008), film à épisodes sorti en 1963, avec Vittorio Gassman et Ugo Tognazzi. Ce dernier interprète, entre autres, le personnage d'un père qui apprend à son fils toutes les ruses pour ne pas respecter les règles comme le code de la route (en faisant croire, par exemple, aux autres voitures qu'on est en train de transporter un blessé à l'hôpital). Gassman avait interprété l'année précédente, toujours pour le réalisateur Dino Risi, cet autre chef-d'œuvre : *Il Sorpasso* (dont le titre français est *Le Fanfaron*). Les deux personnages – Bruno Cortona (interprété par Gassman) et Roberto Mariani (interprété par Jean-Louis Trintignant) symbolisent d'une façon très évidente, presque caricaturale, les identités du *furbo* et du *fesso* dans l'imaginaire collectif italien. Mais il faut ajouter que l'époque en question était encore celle du miracle économique, qui créait continuellement les symboles ostentatoires de la richesse. Pour le *furbo*, la beauté ne compte que si elle devient une démonstration du succès. Jolie voiture, jolie femme : quelle réussite ! Bruno exhibe sa (magnifique) Lancia Aurelia B24 spider, comme hypothétique justification de son comportement. Il peut se conduire de façon arrogante, dans la vie comme dans la rue, parce qu'il a du « succès », certifié par la possession de la voiture en question. Cela lui autorise tout. Y compris une conduite au volant dangereuse qui est l'antichambre de la mort. La mort du timide, gentil et honnête Roberto Mariani. Parce que c'est souvent le *fesso* qui meurt. Sur la route comme à la guerre. Souvent, mais pas toujours. Dans le film *Johnny Stecchino*, de Roberto Benigni (Marciano La Misericordia, Toscane, 1952), le chef mafieux appelle « *il fesso* » son propre sosie, qu'il veut faire tuer à sa place. Mais, à la fin, les choses iront autrement.

Après la guerre, même un pontife a eu la tentation de « *fare il furbo* », en jouant la carte de l'astuce sur l'échiquier de la politique italienne. En 1952, à l'occasion des élections pour la mairie de Rome, Pie XII ne supportant pas l'hypothèse d'une administration de gauche dans la Ville éternelle, soutient la perspective d'une entente locale entre DC et MSI (Movimento sociale italiano, le parti néofasciste qui à ce moment-là était encore sous l'influence de l'époque mussolinienne). Mais Alcide de Gasperi empêcha ce jeu de *furbi*, qui aurait été perçu comme une trahison par la Résistance et qui comportait de sérieux risques pour l'avenir du pays. De Gasperi, président du Conseil et chef de la DC, gagna sur toute la ligne : contre l'ingérence du Vatican, contre l'alliance avec les fascistes et aussi, au moment des élections, contre l'opposition de gauche. Le très aristocrate pape Pacelli ne plaisantait pas en termes d'arrogance. Heureusement, son successeur Jean XXIII, Angelo Roncalli, élu en 1958, viendra d'une famille paysanne de la province de Bergame, en partie émigrée en France. Avec lui, les *fessi*, les personnes simples, commencent à rêver d'un saint protecteur. Dans cette Italie des années 1950, deux personnages fictifs s'imposent à l'attention et à l'imagination de tous : Don Camillo et Peppone, le curé et le maire communiste d'un même village, sont des hommes honnêtes, loyaux et courageux. Le beau visage de l'Italie populaire, généreuse et naïve. Simple, courageuse et *fessa*. Don Camillo et Peppone n'ont pas oublié les années de Résistance et savent – si nécessaire – travailler main dans la main même s'ils sont de grands rivaux. Mais pendant les années de Pie XII et de la guerre froide ces discours ne sont pas politiquement corrects. Et, c'est en 1952, cette année politiquement agitée par les élections à Rome, que le premier film de la série sur Don Camillo et Peppone sort dans les salles de la péninsule. Comme par hasard, on a confié à un étranger la réalisation de cette œuvre : le Français Julien Duvivier, qui fait un excellent travail.

Une vieille ruse rassemble traditionnellement les Italiens, qu'ils soient de la tribu des *furbi* ou de celle des *fessi*. La seule ruse que le peuple tout entier recherche de façon systématique : la « *raccomandazione* », le piston. L'Italien – qu'il soit riche ou pauvre, du Nord ou du Sud, de droite ou de gauche, catholique ou mécréant, *furbo* ou *fesso* – recherche le piston pour soi et surtout pour ses enfants. Le fait de solliciter une aide « peu orthodoxe » dans l'intérêt d'un fils, généralement au chômage (comme plus d'un tiers des jeunes italiens), libère le père de tous les complexes et humiliations dérivants de la nature de cet acte. Quand il faut le faire, il faut bien le faire ! En romain ce concept a une sonorité presque musicale : « *Quanno ce vo, ce vo !* ». Mais la force de la famille est-elle bien « morale » si son but est – par exemple – de favoriser un cousin au détriment de toute logique d'égalité des chances (à laquelle les Italiens n'ont d'ailleurs jamais cru) ou plutôt de permettre à tante Mariangela de passer un scanner à l'hôpital à la place d'une personne ne disposant d'aucune connaissance ? Bonne question. Mais, s'il vous plaît, évitez de la poser à tante Mariangela. Elle piquerait une crise et son fils flic, ami du curé, devrait se charger une fois de plus de lui trouver un rendez-vous urgent à l'hôpital, dirigé par le frère du curé (un médecin de Pérouse, ayant de très bonnes relations avec la droite et la gauche de cette ville).

La *raccomandazione* est le point de contact institutionnel entre *furbi* et *fessi*. Les *fessi* demandent au *furbi*, en général, un emploi pour leurs enfants, une aide pour leur carrière, la priorité à l'hôpital pour leur épouse en attente d'un doppler, une place à l'hospice pour la mère de 85 ans ou une niche au cimetière en espérant qu'au moins dans l'au-delà il n'y ait pas besoin de pistons. La *raccomandazione* fait partie du « système Italie », qui sera vraiment nouveau seulement le jour où le « *raccomandato* » sera conçu avec plus de mépris que de jalousie. C'est difficile, parce que le bénéficiaire du piston est parfois une personne normale et même gentille, désespérément à la recherche d'un ascenseur social ou tout simplement d'un travail. On doit beaucoup réfléchir sur le film *Un borghese piccolo piccolo* (*Un bourgeois tout petit petit*), tiré du livre de l'écrivain et scénariste Vincenzo Cerami (Rome, 1940 – Rome, 2013). Le protagoniste est un petit employé du public, interprété de façon magistrale par Alberto Sordi, prêt à tout, même à rejoindre la franc-maçonnerie, pour trouver un emploi à son fils. À la mort de celui-ci, tué par un jeune bandit, il doit trouver un piston pour avoir une place au cimetière. Il se vengera. La vengeance du citoyen lambda, celle du *fesso*, peut être bien plus cruelle que celle du puissant.

Un film de la comédie italienne vaut plus que bien des livres pour montrer les contradictions du caractère italien. Une fois de plus le protagoniste est le « Romain AOC » Alberto Sordi, qui joue en compagnie de Vittorio De Sica dans un film du réalisateur Luigi Zampa (Rome, 1905 – Rome, 1991). On y voit les ruses de la politique : les vrais *furbi* sont ceux qui ont le pouvoir et qui disposent de mille et un moyens pour forcer les personnes normales à ne pas se révolter (même quand celles-ci en ont l'envie, les moyens et l'opportunité). Sorti en 1960, *Il Vigile* est encore terriblement actuel un demi-siècle après. Il faudrait le proposer dans les écoles pour faire comprendre aux jeunes qu'il est nécessaire de réfléchir sur leur société. Les personnes normales essaient de se débrouiller par le biais de fréquentes astuces quotidiennes, mais, si elles défient les puissants, ces astuces risquent d'être punies comme des crimes. La personne normale peut parfois se croire *furba*, mais, si elle n'arrive pas à faire partie du cercle des puissants, elle risque toujours de revenir dans l'immense tribu des *fessi*. C'est le cas du flic-motard Otello Celletti (Sordi), qui verbalise le maire de Rome (De Sica) pour excès de vitesse et qui est obligé ensuite de faire un faux témoignage. Même l'insulte (« *stronzo* », en italien, qu'on pourrait rendre en français par l'expression « pauv'con »), dit par le maire au flic municipal, est réinterprétée par ce dernier pour ne pas nuire à un homme si puissant. « Il m'a dit tout simplement *sbronzo* », témoigne Celletti au moment du procès : « *sbronzo* », c'est-à-dire « ivre ». Mais cela ne suffit pas. Interrogé par le juge – au moment du procès contre le maire – Celletti dit : « Même si Monsieur le Maire m'avait dit l'autre mot, il faut remarquer qu'ici dans la région de Rome le terme en question est employé pour indiquer une personne trop honnête ». Drôle et triste vérité : selon une certaine mentalité italienne, la personne honnête devient immédiatement une personne « trop honnête ».

Le cinéma italien sert aussi à ça : à dénoncer les défauts du pays et de son peuple. Le fait que, pour obtenir un emploi, les Italiens se soient habitués à recourir au piston – souvent de nature politique – montre la relation dangereuse existant entre le « système D » à l'italienne et le microcosme des partis. Ce thème est régulièrement abordé dans les films des années 2000, souvent inconnus au-delà des Alpes. Raison de plus pour en citer quelques-uns. Max, Samuel et Irma étaient ensemble au lycée. Ils se retrouvent à dîner après leurs premières expériences de travail. Le premier a essayé de devenir journaliste, mais on lui a préféré un autre jeune bien pistonné. *Idem* pour le second, qui essaie la carrière universitaire et qui voit régulièrement les « pistonnés » lui passer devant au moment décisif. La troisième est médecin, mais le job auquel elle pensait avoir droit est donné par le chef de l'hôpital à une autre fille, bien plus « tendre » à son égard. C'est le scénario de *C'è chi dice no* (*Il y en a qui disent non*), sorti dans les salles en 2011 et réalisé par Giambattista Avellino (Livourne, 1957). Le slogan proposé par ce film pour la révolte des jeunes est : « Nous disons non au régime du piston et du mérite ignoré chaque jour ». L'époque a vraiment changé par rapport à Mai 68, quand – au nom de l'utopie égalitaire – on criait dans les universités italiennes (et certainement pas seulement dans les italiennes) notre refus de la « *meritocrazia* », le régime fondé sur le mérite. Les étudiants italiens s'en prenaient à l'idée du « mérite » quand il était relativement facile de trouver un CDI à la sortie de l'université. Dans l'Italie du XXIe siècle, l'université est l'anti-chambre du chômage et du travail précaire. On a donc besoin de récompenser le vrai mérite.

Pour les jeunes qui restent en Italie, le « système D » devient fondamental pour trouver un emploi. Paradoxalement, c'est la seule matière qu'on n'enseigne pas à l'université. Dans *Tutta la vita davanti* (*Toute la vie devant soi*), le réalisateur Paolo Virzì avait déjà décrit en 2008 les tergiversations rocambolesques d'une jeune fille sortant de l'université avec les meilleures notes. Toujours en 2008, l'année du début de la crise, Massimo Venier a réalisé *Generazione 1 000 euro* (*Génération 1 000 euros*), l'histoire d'un groupe de jeunes, d'une cohabitation forcée et de plusieurs façons de se débrouiller. Alors qu'en 1953, Federico Fellini raconte dans *I Vitelloni* (*Les Vitelloni*), les vicissitudes de cinq jeunes oisifs de Rimini, sa ville natale ; qu'en 1978, Nanni Moretti (Brunico, Trentin-Haut Adige, 1953) décrit, dans *Ecce Bombo*, les tribulations de quatre ex-soixante-huitards ; en 2008, le groupe d'amis de *Génération 1 000 euros* se dit que « pour la première fois, les fils ont une vie plus difficile que celle de leurs pères ».

On commence à comprendre que la « petite » malhonnêteté de certains est lourdement payée par la collectivité, tous les membres de la sauvage tribu des *furbi* profitant de l'inefficacité et de la corruption d'une partie non négligeable de l'appareil de l'État italien. Au plus bas niveau de l'échelle, il y a tous ceux qui se croient malins en ne payant jamais leur billet de bus et qui protestent ensuite, avec grand étonnement et des discours dignes de Cicéron, parce que les transports publics en Italie sont plus arriérés qu'au Bangladesh. Au milieu de l'échelle, nous trouvons les *furbi* pour lesquels un problème peut se transformer en petite mine d'or – ou plutôt d'argent. Le secteur privilégié de ces petits malins est celui des assurances. Un assureur me parle d'un adolescent qui s'est cassé les doigts et dont le père a obtenu un remboursement en affirmant que sans cet incident il serait devenu un génie du piano. Ne parlons pas de ceux qui jouent au plus malin dans le cas des accidents de la circulation. Ensuite, ils protestent parce qu'en Italie les assurances sont souvent plus chères que dans les autres pays européens. Les Italiens ne doivent pas aller bien loin pour rechercher la raison de cette situation : ils peuvent la trouver simplement en eux-mêmes. D'une façon ou d'une autre, les *furbi* font du mal à toute la collectivité. Donc également à eux-mêmes. Heureusement, il y a les miracles. Comme celui d'un *furbo* qui choisi de se convertir à l'honnêteté. Il s'agit du riche commerçant interprété par Totò dans *I tartassati*, avec Louis de Funès (1953). C'est encore une fois l'histoire d'un *furbo* qui, à la fin, préfère payer ses impôts et avoir la conscience tranquille. Les scènes Totò-De Funès, avec Steno comme réalisateur, sont de vrais petits bijoux. Même miracle dans *La banda degli onesti* (*La bande des honnêtes*), tournée en 1956 par Camillo Mastrocinque avec Totò et Peppino De Filippo. Jouer à être *furbo* procure beaucoup d'adrénaline, mais sur ce terrain le citoyen honnête ne peut pas aller bien loin car la meilleure des choses est de rechercher un travail. Dans la dernière scène de *I soliti ignoti*, l'on voit Gassman entrer dans un chantier, prêt à devenir ouvrier. Le pays heureux est celui où les personnes normales ont la possibilité de vivre une vie heureuse tout en travaillant honnêtement et en toute liberté. S'il y a une justice, les *furbi* ne seront pas heureux. C'est la morale d'un autre (et c'est le dernier que je vais citer dans ce chapitre) chef-d'œuvre de la « comédie italienne » : le film *C'eravamo tanto amati* (*Nous nous sommes tant aimés*), de Ettore Scola, avec Vittorio Gassman, Nino Manfredi et Stefania Sandrelli dans lequel, à la longue, sur l'ensemble d'une vie, les vrais *fessi* sont beaucoup plus heureux que les vrais *furbi*. Ouf !

Et Piaggio créa la *Vespa*

Il y a des Italiens qui ont obtenu une extraordinaire popularité grâce à leurs initiatives et leurs inventions diverses et variées. Léonardo, né à Vinci, a exporté la Joconde. Michel-Ange (un enseignant français me dit très sérieusement que l'un de ses élèves à écrit ce nom sous la forme « Mickey l'Ange » dans sa copie de bac) a peint l'instant de la Création. Galilée, de Pise, a perfectionné le télescope et a inutilement essayé de convaincre la papauté que la Terre tourne autour du Soleil. Inventeur malheureux, Antonio Meucci a mis au point le téléphone en oubliant d'en déposer le brevet. Le Piémontais Camillo Cavour a contribué à changer la carte de l'Europe. Le Bolonais Guglielmo Marconi est le père des communications sans fil (mais il n'est pas coupable pour le contenu de certaines émissions actuelles de radio et de télévision). Enrico Fermi a laissé sa Rome natale pour aller en Amérique titiller les atomes. Rien ne serait plus banal que d'affirmer que ces Italiens ont été utiles à l'humanité. Aussi, j'aimerais citer quelques exemples d'Italiens qui ont changé notre vie à une époque plus récente et qui se sont démarqués par leurs créations. J'ai choisi des personnes de talent, qui après la fin de la Seconde Guerre mondiale – le véritable moment fondateur de l'Italie actuelle – ont été particulièrement utiles à changer la vie de leur propre pays et bien plus encore. Et j'ai envie de commencer par le symbole le plus (apparemment) simple et le plus génial de la renaissance de l'Italie : la *Vespa*, scooter produit par le groupe industriel toscan Piaggio.

L'Italie de 1945 est un terrain plein de débris. Les bombardements ont fait des ravages, surtout dans les régions industrielles du Centre et du Nord de la péninsule. Les usines du groupe aéronautique Piaggio, dans la province de Pise (Toscane), ont été particulièrement touchées. Et pour cause, elles produisaient les bombardiers italiens. D'autres bombardiers se sont acharnés sur ces lieux, où en 1939 travaillaient dix mille ouvriers et où, la paix revenue, quelques dizaines de personnes errent comme des fantômes. Parmi ces personnes, il y a le patron de ce groupe familial, Enrico Piaggio (Pegli, Ligurie, 1905 – Montopoli in Val d'Arno, Toscane, 1965) et son bras droit, l'ingénieur Corradino d'Ascanio (Popoli, Abruzzo, 1891 – Pise, 1981). Piaggio, comme beaucoup de ceux qui ont vu la mort de près, a envie de faire quelque de chose de sa vie. Piaggio le rescapé. Le 25 septembre 1943, aux lendemains de l'armistice entre le gouvernement italien et les Alliés, il se trouvait à Florence, c'est-à-dire dans la zone encore occupée par les Allemands, incluant à ce moment le Centre et le Nord de la péninsule. Il est dans le hall d'un hôtel de luxe, le général Rodolfo Graziani, qui commande les forces italiennes collaborationnistes de la Repubblica di Salo'(créée par Mussolini deux jours plus tôt), parle à la radio. Tout le monde se lève, sauf Enrico Piaggio. Un officier collabo voit la scène, sort son revolver et tire sur lui. Piaggio est entre la vie et la mort, mais l'intervention chirurgicale est un succès, il est sauvé.

Quant à son ami Corradino d'Ascanio, c'est un génie de l'aéronautique, sa contribution à la mise au point de l'hélicoptère a été fondamentale. Un prototype, réalisé par lui, avait établi en 1930 à l'aéroport romain de Ciampino les records mondiaux de durée en vol, de hauteur et de distance (en trois vols distincts).

Après la guerre, la population italienne est submergée de problèmes. Celui de la mobilité est angoissant. Rien ou presque ne fonctionne. Les ponts ont été détruits par centaines et dans les transports publics règne le chaos. On se débrouille à vélo et le cinéma néoréaliste se charge de «peindre» cette page de la vie nationale grâce à Vittorio De Sica dans *Ladri di biciclette* (*Le voleur de bicyclette*, 1948), l'un des films italiens les plus connus dans le monde (tandis que ses interprètes ne deviendront pas spécialement célèbres, à l'exception du futur réalisateur Sergio Leone, qui y joue un rôle secondaire). C'est l'histoire d'un chômeur romain qui vit en banlieue et qui – pour conserver son emploi – a absolument besoin de sa bicyclette, volée par l'un des innombrables désespérés qui remplissent à cette époque la capitale italienne. Avec son enfant, l'homme se met à la recherche du voleur, en croisant les personnages typiques d'un monde à la fois meurtri et plein d'espoir.

Piaggio et d'Ascanio donnent aux Italiens et à tous les habitants de la Terre – surtout à ceux qui vivent une situation économiquement difficile et ceux vivant dans des pays en fort développement, comme l'Inde, l'Indonésie et le Vietnam actuels – beaucoup plus qu'un vélo. Ils leur donnent un mythe : la *Vespa*. Née en 1946 dans l'usine Piaggio de Pontedera, la *Vespa* est historiquement le scooter le plus vendu au monde. Quand, début 1946, d'Ascanio a présenté à Piaggio le prototype, le patron du groupe a dit : «La ligne et le bruit me font penser à une guêpe». Voilà trouvé le nom officiel de ce produit, qui – à cause de son derrière «pulpeux» – avait été surnommé par certains ouvriers de Pontedera «culona», c'est-à-dire «gros cul» au féminin. La *Vespa* c'est donc la guêpe en italien. Et ce scooter est à la fois efficace et beau. Avec le temps, il a su changer tout en restant lui-même. En apparence, une *Vespa* des années 1970 ressemble à celle du modèle original, et, pourtant, aucune pièce n'est identique d'un modèle à l'autre. Tout a changé, mais la *Vespa* est restée la *Vespa*. Pour une fois, la philosophie du livre *Le Guépard* (« Tout changer pour que rien ne change ») a été utile à quelque chose de bien.

Enrico Piaggio a été un innovateur dans bien des domaines. Déjà dans les premières années de commercialisation de la *Vespa*, il a tout fait pour faciliter la vie à ses compatriotes, en proposant un système (très innovateur pour l'Italie) de vente avec remboursements mensuels. Ensuite, Piaggio a ouvert des usines dans plusieurs parties du monde pour faciliter la pénétration de son produit sur tous les marchés possibles et imaginables. Quand, au début des années 1960, les Italiens ont commencé à acheter massivement des voitures utilitaires, Piaggio a changé de cible commerciale au sein de la péninsule, en visant surtout les jeunes et en utilisant la couleur comme instrument de séduction du public. En 1968, les jeunes du monde entier se révoltent et le groupe Piaggio parie sur un slogan révolutionnaire pour l'Italie de cette époque : « *Chi vespa mangia le mele* » (littéralement « Celui qui vespe mange les pommes »). Ce slogan est à plusieurs titres révolutionnaire. Il l'est dans le langage parce que le terme « *vespa* », qui fait penser évidemment au scooter dont il est question, est utilisé comme s'il était la voix (présent de l'indicatif à la troisième personne) d'un verbe (« *vespare* ») qui n'existe absolument pas dans la langue italienne. Il l'est surtout dans le sous-entendu « biblique » : l'histoire d'Adam et Ève réadaptée pour le marketing et adressée à une génération qui adore tout remettre en discussion et tout « désacraliser ». Le scooter comme instrument de séduction aux bénéfices de jeunes couples désinhibés. Le péché délivré de la culpabilité. La libération sexuelle sur deux roues. La fin du concile de Trente.

La *Vespa* est depuis plus de 60 ans l'étendard du *Made in Italy* ainsi que du design et de l'efficacité à l'italienne (eh oui, il existe une forme d'efficacité à l'italienne). Entre 1946 et 2013, la *Vespa* a été vendue dans le monde entier à 18 millions d'exemplaires. Son succès en Italie et en Europe, entre les années 1940 et 1950, a été impressionnant et a été consacré par un film cultissime dans l'histoire cinématographique : *Roman Holiday* (*Vacances romaines*, 1953), de l'américain William Wyler, avec Gregory Peck et Audrey Hepburn. Le journaliste et la jeune princesse fugueuse circulent en *Vespa* dans les rues de Rome, une escapade dont l'intensité romantique sera difficilement, voire jamais, égalée. Mais pourquoi cela n'arrive plus aux journalistes ? Beaucoup plus tard, la *Vespa* redevient la co-protagoniste d'un autre film célèbre, celui de Nanni Moretti qui, dans le premier épisode du film *Caro diario* (*Journal intime*, 1993), se met en scène au volant du fameux scooter. Le titre de cet épisode : *In Vespa* (*En Vespa*). Il s'agit d'un itinéraire dans la ville de Rome en plein été, avec des images séduisantes de la ville éternelle parcourue à bord d'un scooter « éternel ». En 1993, comme 40 ans plus tôt, la *Vespa* nous introduit dans un univers de beauté et de tendresse. À l'âge où les humains prennent leur retraite, elle reste un symbole de jeunesse et de modernité. Été 2012, le quotidien italien *La Repubblica* a organisé un concours, avec l'évidente intention de conquérir des nouveaux lecteurs. La prime ? Une *Vespa*, bien sûr.

La Lettera 22, mémoire d'Adrien

La créativité des Italiens est fille de leur capacité à rêver. Ils rêvent beaucoup et donc ils créent beaucoup. Cette « créativité à l'italienne » existe aussi dans l'industrie et, en particulier, dans ces entreprises d'origine familiale, qui se sont développées grâce au mariage design-technologie. La machine à écrire italienne *Lettera 22* (*Lettre XXII*), fabriquée dans le Piémont par le groupe Olivetti, est, pour sa ligne et pour sa fonctionnalité, l'un des bijoux du design industriel du XXe siècle. En 1959, l'Illinois Institute of Technology l'a choisie comme « meilleur produit de design du siècle ». Il est vrai qu'à cette date le siècle n'était pas encore terminé, mais c'est quand même une belle satisfaction. La *Lettre XXII* a été conçue en 1950 par le designer et architecte Marcello Nizzoli (Boretto, Émilie-Romagne, 1887 – Camogli, Ligurie, 1969). Le Triennale Design Museum de Milan propose à ses visiteurs plusieurs exemplaires de cette célèbre machine à écrire portable, très simple et relativement bon marché, qui était en même temps instrument de travail et objet de désir dans la société italienne et européenne des années 1950 et 1960. Une *Lettera 22* est présente aussi dans la collection permanente de design au Museum of Modern Art de New York. Entre 1950 et 1965 (début et fin de sa production), la

Lettera 22 a été réalisée en dizaines de millions d'exemplaires. Malgré cela, elle est au XXIe siècle l'une des machines à écrire les plus recherchées par les collectionneurs du monde entier. Ceux qui l'ont à la maison préfèrent la garder. On ne met pas à la poubelle la *Lettera 22* qui a appartenu à papi.

Olivetti est un groupe industriel très particulier dans l'histoire de l'économie italienne. Créé en 1908 dans la région du Piémont par Camillo Olivetti (Ivrea, Piémont, 1868 – Biella, 1943), avec le but de produire les premières machines à écrire *Made in Italy*, le groupe est passé en 1932 sous la responsabilité d'Adriano Olivetti (Ivrea, 1901 – Aigle, Suisse, 1960), fils du fondateur. Devenu officiellement président en 1938, Adriano Olivetti est un antifasciste convaincu, qui n'a pas eu peur de participer directement en 1926 (avec, entre autres, le futur président de la République, de 1978 à 1985, le socialiste Sandro Pertini) à l'action pour faire expatrier clandestinement en France le chef historique du socialisme italien, Filippo Turati. La police fasciste a constitué une fiche sur lui où il était classé comme « subversif ». Après la guerre, Adriano Olivetti conçoit l'une des plus extraordinaires expériences d'« usine nouvelle » jamais réalisées en Europe. Basée dans la ville piémontaise d'Ivrea, aux pieds des Alpes, l'usine Olivetti était conçue pour faire entrer le plus possible la lumière du jour afin de permettre aux ouvriers, qui venaient en majorité de familles paysannes des vallées alpines, de continuer à vivre au rythme de la nature. Il leur manquait juste le chant du coq. L'usine d'Ivrea et les autres usines du groupe étaient équipées de bibliothèques, de centres culturels et surtout de crèches où les enfants des ouvriers, des employés et des dirigeants vivaient les uns à côté des autres dès le plus jeune âge. Un kibboutz à la piémontaise.

Mais également « à la napolitaine » car – à la différence des autres industriels du Nord, qui faisaient venir la main-d'œuvre des régions méridionales – Adriano Olivetti a choisi, au début des années 1950, de faire voyager les capitaux, de défier les idées reçues et d'ouvrir une usine à Pozzuoli, près de Naples. Un véritable succès. Dans le discours inaugural de cette usine, qui donne du travail à 1 300 personnes dans un lieu ayant terriblement besoin de développement, il dit : « cette usine est née dans le respect de la beauté des lieux, pour que la beauté soit un réconfort dans le travail quotidien ». Sous la gestion d'Adriano Olivetti, le groupe embauche jusqu'à 24 000 salariés. Ce génial patron voit poindre à l'horizon le marché de l'informatique et essaie de mobiliser ses forces dans la fabrication d'ordinateurs. Mais les investissements ne paraissent jamais suffisants et, à la fin des années 1950, ses frictions avec l'industrie américaine deviennent difficiles à supporter. Olivetti a également des frictions avec un autre groupe industriel piémontais : Fiat, le géant de l'industrie italienne. Fiat veut l'ordre ; Olivetti l'ouverture (sur le terrain politique et social). Mais cet esprit extraordinaire était trop lié à la personnalité d'Adriano. Après lui, il ne restera que son souvenir. En 2013, Olivetti fait partie du groupe Télécom Italia et elle n'a guère que son nom en commun avec le patron historique.

Adriano Olivetti avait presque une obsession pour la beauté. Beauté de ses produits et de leur design, mais aussi beauté des usines (toujours réalisées par de grands architectes). Pour les sièges sociaux d'Olivetti, à Rome et à Ivrea, il fit appel à de grands peintres ; notamment Renato Guttuso (Bordighera, Ligurie, 1911 – Rome, 1987), un artiste symbole de la gauche italienne, qui a réalisé une grande fresque pour les bureaux de ce groupe industriel (juste après la Libération, Guttuso a conçu le logo du PCI, utilisé jusqu'au changement de nom de ce parti, en 1991 ; parmi ses œuvres les plus célèbres figure *I funerali di Togliatti*, l'enterrement du leader du PCI Togliatti, peint en 1972).

Adriano Olivetti voulait mettre de la beauté partout, jusque dans les centres de repos pour ses ouvriers et dans le choix du site naturel dans lequel il organisait les séminaires pour les cadres et pour les commerciaux du groupe. Il engageait, bien sûr, des ingénieurs, mais il leur demandait également d'avoir une formation et une bonne culture, sans sous-estimer l'importance de l'histoire, de l'art et de la littérature.

Adriano Olivetti était un grand humaniste et un patron exceptionnel. Solitaire. Il a toujours refusé d'adhérer à Confindustria, l'organisation du patronat italien. La *Lettera 22* a été l'une de ses grandes satisfactions. Lors de ses conversations avec ses amis, lorsqu'il posait la question : « Est-ce que la finalité de l'entreprise est seulement le profit ? », il donnait cette réponse : « Le profit doit être réinvesti dans l'intérêt de la communauté dans son ensemble ». Un soir, dans un train de nuit, il meurt d'une crise cardiaque (il avait oublié ses médicaments au wagon-restaurant). Il venait de dire cette phrase : « J'ai essayé de créer un laboratoire social ». Tant qu'il a été vivant, ce pari a été gagné, contre vents et marées. Aussi contre les doutes des banques italiennes qui hésitaient à lui prêter de l'argent.

La belle histoire de Giulietta et (Alfa) Romeo

La philosophie de l'entrepreneur Enzo Ferrari était bien différente de celle d'Adriano Olivetti, mais elle était aussi très claire et très particulière. Heureux d'avoir toujours travaillé en exprimant sa passion pour les moteurs, Enzo Ferrari a déclaré à la fin de sa vie : « J'ai fait ce que j'aimais. Si cela a été, directement ou indirectement, bénéfique pour les autres, il s'agit d'une justification à mon égoïsme de départ, qui était de satisfaire mes envies de création ». Réaliser (des moteurs et des voitures) pour se réaliser. Voilà la pensée du père de l'un des groupes automobiles les plus célèbres au monde, qui avait un passé de pilote et qui, jusqu'à la dernière heure de sa vie (il est mort en 1988 à l'âge de 90 ans), est resté passionné par la compétition. Passionné au point de transmettre cette passion à tous ses compatriotes : les Italiens peuvent être du Nord ou du Sud, de droite ou de gauche, Capulet ou Montaigu, tous – de bébé à papi – sont unis quand il s'agit de soutenir Ferrari (« *tifare Ferrari* »). Tous sont *tifosi* de « la rouge ». Y compris le curé de Maranello, le village des usines Ferrari, dans la province rouge (politiquement parlant) de Modène, qui sonne la cloche à chaque victoire de « la rouge ».

Il existe un élément commun fondamental entre Enrico Piaggio, Enzo Ferrari et Adriano Olivetti : c'est l'amour du beau. La conviction que la beauté d'un produit est partie intégrante de sa qualité et l'intention – voire l'obsession – de rechercher le meilleur design possible du produit à commercialiser, qu'il s'agisse d'une voiture de très haute gamme, d'un simple scooter ou d'une machine à écrire. Enzo Ferrari exigeait qu'une voiture soit belle jusque dans son moteur. Dans l'une de ses rares interviews, cet homme au caractère fermé disait : « Je n'ai jamais renoncé à mon amour pour la belle mécanique ». Là où d'autres font la distinction entre mécanique qui marche plus ou moins bien, qui coûte plus ou moins chère, qui peut être réalisée plus ou moins facilement, Ferrari parlait très sérieusement de « belle mécanique », en pensant que cet aspect était partie intégrante de la qualité de ses voitures (qui, je me permets de le noter, finissent souvent entre les mains de ceux qui apprécient la vulgarité de l'argent bien plus que la dimension philosophique de la beauté ; quel gâchis !). Il lui arrivait de dire que le meilleur dessinateur de moteurs aurait été à son avis Andrea Palladio (Padoue, 1508 – Vicence, 1580), le plus grand architecte de la Venise de la Renaissance, l'homme qui avait été capable de conjuguer à merveille la science et la beauté.

Maranello est à l'origine un village agricole de la région d'Émilie-Romagne. Un village qui pourrait faire penser à celui de Peppone et Don Camillo. Aujourd'hui, c'est un centre de 17 000 habitants qui vivent autour des usines Ferrari. À partir de la fin des années 1940, les industries de Maranello produisent les « rouges » qui font rêver le monde entier en faisant la fierté des Italiens. Les grandes célébrités et les puissants du monde entier commandent des exemplaires uniques. C'est notamment le cas du réalisateur Roberto Rossellini, qui en 1948 avait reçu d'Ingrid Bergman une lettre disant : « Si vous avez besoin d'une comédienne suédoise parlant très bien l'anglais, qui en italien sait seulement dire *"ti amo"*, je suis prête à venir travailler avec vous». Dans l'île de Stromboli, il y a encore la maison où Roberto et Ingrid ont vécu quand, en 1950, ils ont tourné le film *Stromboli terra di Dio*, sorti en France sous le titre *Stromboli*. La relation entre le réalisateur italien et la comédienne suédoise est volcanique. En 1953, Rossellini décide de faire un cadeau de rêve à la femme tant aimée : une Ferrari Berlinette 375MM carrossée par Pininfarina. Une pure merveille de mécanique et de design, qui sera exposée au Salon de l'automobile 1954 à Paris. À partir de 1952, la société Pininfarina aura pendant plus d'un demi-siècle le rôle presque exclusif d'habiller les voitures Ferrari destinées au commerce.

Au MOMA, le Musée d'art moderne de New York, les visiteurs peuvent admirer depuis 1952 une Ferrari Cisitalia 202 Pininfarina, pour laquelle en 1947, l'année de sa création, on avait utilisé l'expression de «sculpture en mouvement». Plusieurs modèles de voitures Ferrari ont été «habillés» dès la renaissance du groupe, dans l'immédiat après-guerre, par l'atelier de ce maître de la haute couture automobile qui a été Battista Farina (Turin, 1893 – Lausanne, 1966). Ses parents avaient onze enfants. Battista, le dixième, était appelé Pinin parce qu'en piémontais cette expression signifie «le petit». Dans son cas «le plus petit», parce que l'on n'imaginait pas la naissance d'un onzième enfant. Avec le temps, on a vu que ce surnom tombait bien : Battista ressemblait beaucoup à son père Giuseppe (Joseph), et en piémontais Pinin signifie aussi «le petit Giuseppe». Pinin travaille dès son plus jeune âge et à treize ans, à Turin, il entre dans le garage-carrosserie, créé par son frère Giovanni. À 26 ans, il se rend en Amérique. Pas pour émigrer, mais pour apprendre. Aux États-Unis, l'industrie de l'automobile est beaucoup plus avancée qu'en Europe et l'aspirant entrepreneur-carrossier piémontais veut comprendre les tendances, et essayer d'anticiper l'avenir. En 1928, la carrosserie Farina est devenue une véritable usine, dirigée par Pinin. Il est de plus en plus connu et commence à recevoir des commandes de personnalités internationales, qui vont chez le carrossier exactement comme chez le tailleur. Le constructeur produit le châssis et le moteur, qui seront ensuite habillés par le carrossier. Chaque voiture de luxe est une pièce unique. Un bijou conçu pour son destinataire. En 1931, on en produit cent. En même temps, un autre designer italien travaille chez Fiat à un projet très ambitieux. L'ingénieur Dante Giacosa (Rome, 1905 – Turin, 1996) est le père de la « Topolino », la première voiture italienne destinée à une clientèle de masse, elle sera réalisée par Fiat de 1936 à 1955.

En 1946, les industries italiennes – déconsidérées car leur pays a perdu la guerre – se voient interdites de participation au Salon de l'automobile de Paris, qui se tenait à l'époque au Grand Palais. Battista « Pinin » Farina refuse cet ostracisme qu'il considère absurde et injuste. Il quitte Turin avec son fils Sergio (Turin, 1926 – Turin, 2012). Ils conduisent les deux voitures, carrossées par leur usine, qui auraient dû être exposées au Salon de l'automobile. Une Lancia et une Alfa Romeo. Le 3 octobre 1946 le Salon ouvre ses portes et les deux voitures sont garées en évidence devant le Grand Palais. La foule les regarde, les journalistes posent des questions, les « deux Italiennes » provoquent beaucoup de curiosité. Trop de curiosité. On les oblige à partir. Le jour suivant, à six heures du matin, Battista et Sergio garent à nouveau l'Alfa et la Lancia en position bien visible devant le Grand Palais. Ils gardent la position pendant quelques heures avant d'être forcés de partir. Et pendant toute la durée du Salon de Paris, ils répètent la même liturgie, en obtenant une visibilité bien supérieure à celle qu'ils auraient eue en tant que simples exposants. Sergio deviendra le patron de l'entreprise et il aura l'une de ses dernières satisfactions en obtenant le contrat pour la carrosserie de l'Autolib à Paris. Une carrière commencée à Paris en 1946 et terminée à Paris en 2012. Pendant les années 1980, Sergio Pininfarina sera député européen et président de Confindustria (1988-1992). En 2005, il est nommé sénateur à vie par le président de la République. Son grand engagement, pendant la dernière partie de sa vie publique, sera en faveur de la réalisation de la ligne ferroviaire à haute vitesse Turin-Lyon-Paris. En plaisantant, il rappelait les péripéties de ce voyage en voiture en 1946, quand France et Italie étaient de tout point de vue trop distantes l'une de l'autre.

Pinin Farina (avec le succès, sa société sera rebaptisée « Pininfarina » et le fils changera son nom de famille pour s'appeler Sergio Pininfarina) n'est pas le seul Italien connu dans le monde pour son excellence dans cette spécialité. Parmi les autres, il y a Ugo Zagato (1890 – 1968), qui crée en 1919 son entreprise après avoir travaillé comme ouvrier en Allemagne, où il avait été forcé d'émigrer pour nourrir sa famille restée dans les campagnes de la Vénétie (après la Seconde Guerre mondiale les carrosseries Zagato réaliseront des voitures très légères, adaptées aux compétitions). Il y a aussi Giovanni Bertone (Mondovi, 1884 – Turin, 1972), né près de Turin au sein d'une famille de paysans et qui, dès son enfance, se passionne pour le bricolage et répare tous les objets qui lui tombent sous la main. Sa première usine, en 1912, ressemble à un garage. En 1934, il ouvre à Turin, la capitale italienne de l'auto, une usine bien plus grande pour laquelle commence à travailler son fils Nuccio (1914 – 1997), qui – après une expérience de pilote – devient le protagoniste de la croissance mondiale des carrosseries Bertone après la guerre. Une partie de sa fortune est due à son habilité à encourager les jeunes talents du design. Comme Giorgetto Giugiaro (né à Garessio en 1938), qu'il embauche en 1959 (neuf ans plus tard il sera déjà connu internationalement et il créera sa propre société de design) et comme Marcello Gandini, né lui aussi en 1938 à Turin, qui pendant ses années chez Bertone (jusqu'en 1980) et ensuite comme indépendant dessine certaines des plus belles voitures italiennes (comme la Lamborghini Miura et la Lancia Stratos).

Ferruccio Lamborghini (Cento, 1916 – Pérouse, 1993) vient lui aussi du monde rural de la région d'Émilie-Romagne. Dans les années 1950, il fait fortune avec ses machines agricoles et il décide de se lancer dans la production de voitures de luxe. Pinin Farina étant déjà « marié » avec Ferrari, Lamborghini s'associe avec Bertone. Il va le voir en lui disant : « Accepteriez-vous d'habiller mes châssis ? ». Mais le mythe Nuccio Bertone est réellement né en 1954, quand il a habillé un chef-d'œuvre de la haute couture, devenu comme par miracle un produit de prêt-à-porter, cher bien sûr mais sans être hyper-excessif : la Giulietta Sprint d'Alfa Romeo. Même la Giulietta de Shakespeare aurait rêvé de cette voiture. Romeo se serait endetté pour l'acheter. Les deux familles se seraient unies pour l'aider à rembourser la banque et la tragédie n'aurait pas eu lieu !

En 1954, le succès de la Giulietta Sprint est impressionnant et Alfa Romeo décide de parier aussi sur un nouveau modèle : la Giulietta Spider. Bertone est débordé de travail, victime de son succès. La Spider sera pour Pininfarina. Et le mythe de ces deux Giulietta devient extraordinaire. Les Ferrari étaient (et sont) comme des déesses de l'Olympe. Elles sont merveilleuses, mais inaccessibles pour l'homme ordinaire, exactement comme la très haute couture est inaccessible à la femme normale, qui garde toutefois le droit et le plaisir de l'admirer. Ainsi la Giulietta Sprint et la Giulietta Spider sont l'incarnation de la beauté, de la praticité et du mythe éternel de la vitesse. Pendant les « Trente glorieuses » d'une Europe séduite par sa propre croissance économique, on pouvait rêver de cette Giulietta aux multiples visages (et d'autres très beaux modèles produits par les constructeurs français et allemands), tandis que la Ferrari restait de toute façon « *bella e impossibile* », belle et impossible, tellement loin du citoyen lambda.

Le mariage entre design et industrie automobile dans la péninsule italienne est un mélange d'ancien et de modernité qui fait penser à la symbiose magique terroir-gastronomie-agroalimentaire et à celle entre la mode et l'industrie du textile. L'Italie est sans doute l'un des endroits au monde où l'art du design a su se conjuguer avec les progrès d'une économie moderne. Le design est désormais partout. Giugiaro a dessiné le « Lungomare dei navigatori » de Porto Santo Stefano, le train « Minuetto » (produit par Alstom pour Trenitalia) en Toscane, et même une « *pasta* » : la « Marille », une pâte de blé dur qui sera ensuite produite en grande quantité pour les casseroles du monde entier. L'art peut être partout, tout comme (malheureusement) son contraire, en termes de vulgarité et de mauvais goût.

Dans le cas spécifique de l'industrie automobile, qui a été le symbole de la révolution industrielle du XXe siècle et aussi des progrès sociaux qui lui sont liés (comme les vacances et la liberté de mouvement), le défi de l'art du design a été aussi celui de fabriquer des objets pratiques. En dessinant la Fiat Panda, en 1980, Giugiaro a relevé le défi extraordinaire de produire des petites voitures destinées aux personnes ordinaires. Bref, concevoir quelque chose pour un nombre très élevé de personnes. Dans chacun des grands pays européens l'arrivée des petites voitures de masse, entre les années 1950 et 1960, a changé la vie de la population comme bien peu de réalisations technologiques ont su le faire auparavant. En

Italie, ce miracle avait été réalisé une première fois par la Fiat Seicento, une voiture produite à cinq millions d'exemplaires (dont 2,7 millions directement par le groupe turinois et, le reste sur licence, dans d'autres pays du monde entier) à partir de 1955. La Seicento a été le symbole des espoirs de l'Italie de l'après-guerre. Dans ce pays, doté d'une formidable envie de vivre, la Seicento a été bien plus qu'un moyen de transport. Elle a symbolisé l'espoir, la liberté et même l'amour car, pour une entière génération de jeunes italiens (la mienne), une Seicento garée au milieu des champs de blé ou de maïs était le lieu d'une intimité inégalable. Amour pour la nature et amour tout court.

Le miracle de la mode

Il était une fois à Parme, trois sœurs nées un siècle après le passage dans cette ville d'Émilie-Romagne d'un touriste français qui voyait des chartreuses partout. Elles s'appelaient Zoe, Micol et Giovanna et elles étaient venues au monde en 1911, 1913 et 1915. Nom de famille, Fontana. Fontana comme la maison de couture fondée à Rome, emblème de la haute couture italienne de l'immédiat après-guerre. Rome est, à cette époque, une ville un peu américaine. La haute couture italienne contemporaine dispose donc de trois marraines – les sœurs Fontana – et d'une date de naissance précise : le 27 janvier 1949. C'est le jour du mariage entre deux stars hollywoodiennes : Linda Christian, née Blanca Rosa Henrietta Stella Welter Vorhauer, le 13 novembre 1923 au Mexique, et Tyrone Power, né dix ans plus tôt à Cincinnati (un peu mexicain lui aussi parce qu'il avait interprété en 1940 Zorro dans le film *Le signe de Zorro*). Les noces se déroulent à Rome, tout près du Colisée dans l'église Sainte-Françoise-Romaine. Un triomphe mondial, accentué par l'envie de bling bling qui envahi la planète en réaction à la guerre et à ses misères. Parfois les frivolités ont un charme bien compréhensible. Même le pape s'invite à l'événement. Pie XII n'est pas à l'église de Santa Francesca Romana, mais – comme le souligne un article du *Figaro* au sujet de ce mariage

« inoubliable » – il reçoit au Vatican les fiancés venus de si loin. Inoubliable est, surtout, la robe de mariée de Linda Christian, réalisée par l'atelier des sœurs Fontana. Le « *Made in Italy* » de la haute couture est né.

Encore faut-il imposer durablement cette image au niveau international, en franchissant un cap, en passant de l'exploit à l'ordinaire. Mais la tâche est difficile car le secteur est déjà dominé par la France pour la mode et par l'Angleterre pour la production de tissus de haute qualité. Pour gagner son pari et s'imposer dans ce secteur, l'Italie devient encore un peu plus « américaine ». En 1954, dix ans exactement après l'arrivée des troupes alliées dans la capitale, un film de Steno *Un americano a Roma* (*Un américain à Rome*) se moque de l'enthousiasme pro-américain d'un jeune Romain, interprété par Alberto Sordi. On parle de lui pour parler d'une certaine américanophilie débordante. En effet, à partir de 1944, le Tibre court au milieu des « *stars and stripes* ». Les studios cinématographiques de Cinecittà, qui avaient été inaugurés *in pompa magna* par le dictateur Benito Mussolini en 1937, sont désormais dans des mains américaines. L'« usine à rêves » parle désormais anglais. Tout comme les rêves en question, Cinecittà est presque devenue une dépendance des États-Unis.

Les stars hollywoodiennes tournent souvent et volontiers leurs films à Cinecittà, où tout est beaucoup moins cher que dans leur pays. Elles adorent être invitées dans les « palazzi » de l'aristocratie romaine, florentine ou napolitaine. Elles commencent à fréquenter les bijoutiers et les ateliers de mode chers à cette aristocratie, qui de son côté ne demande rien de mieux qu'obtenir un passeport pour le nouveau monde après avoir bien profité de celui d'avant. En passant beaucoup de temps en Italie, stars et starlettes américaines apprennent à s'habiller chez les « *maestri* » des ciseaux de la péninsule et surtout de sa capitale. Géographiquement, l'Italie de l'automobile se construit sur le triangle Turin-Milan-Bologne : Fiat, Pininfarina et Bertone sont au Piémont, Alfa-Romeo et Zagato en Lombardie, Ferrari en Émilie-Romagne. L'Italie de la haute couture se construit sur l'axe Rome-Florence-Milan. À Rome, les deux poumons de ce monde sont le quartier de la Via Veneto, qui devient dans les années 1950 le lieu mythique de la « dolce vita » (Ava Gardner, Frank Sinatra et ensuite Jacqueline Kennedy iront dans ce quartier à la rencontre des sœurs Fontana) et le quartier de via Condotti (où Valentino, né en 1932 à Voghera, en Lombardie, ouvre en 1959 son atelier en rentrant de Paris après son expérience chez Guy Laroche).

Le rôle de Florence dans la renaissance de la mode italienne est absolument fondamental. Ce rôle a été exalté par un personnage de l'aristocratie toscane, doté d'un sens de l'initiative tout à fait particulier. Rien à voir avec le stéréotype du marquis qui passe son temps entre le lit, la chasse et les casinos. Il s'agit du marquis Giovanni Battista Giorgini (Forte dei Marmi, Toscane, 1898 – Florence, 1971), Bista pour ses nombreux amis, qui exploite ses excellentes connaissances américaines pour organiser le premier défilé de mode italien, le 12 février 1951 dans sa propre habitation à Florence. Une magnifique maison aristocratique située via dei Serragli, dans le quartier dit *Oltrarno* (centre historique de la capitale toscane) à laquelle il convie l'élite des responsables des grands magasins américains et quelques journalistes spécialisés, travaillant surtout pour la presse américaine. Dans la capitale de la Renaissance (avec un grand R), Giorgini joue sur l'idée de la renaissance du style de vie italien et de la mode comme drapeau d'une civilisation ancienne-moderne. Un succès formidable pour un pari qui n'était pas gagné d'avance. Parmi les dix créateurs de mode participant au défilé fondateur du 12 février à Florence (chaque participant présente dix-huit modèles), on y trouve évidemment l'atelier des sœurs Fontana, celui du « tailleur des dives » (« *il sarto delle dive* »), Emilio Schuberth, né à Naples en 1904, travaillant à Rome et qui habillera, entre autres, Sophia Loren et Gina Lollobrigida. Malheureusement son atelier mourra avec lui en 1972. La date du 12 février n'a pas été choisie au hasard par Giorgini : les défilés parisiens se déroulent pendant les tout premiers jours de ce mois et les acheteurs américains traversent l'Atlantique pour y assister. Un voyage des rives de la Seine à celles de l'Arno est beaucoup moins compliqué que le périple des États-Unis vers l'Italie. Il faut profiter de la situation et le marquis le fait avec grande élégance. Toujours en 1951 se déroulent les premiers défilés des Sœurs Fontana aux États-Unis, où les acheteurs de la grande distribution commencent à s'intéresser à l'ensemble de la gamme de l'habillement italien. En 1952, le défilé organisé par Giorgini n'est plus une nouveauté et la délégation américaine est maintenant devenue très nombreuse : trois cents personnes, entre hommes d'affaires et journalistes. La villa de la via dei Serragli n'est plus assez grande pour accueillir tout ce beau monde. Le défilé se déroule au Grand Hôtel. Les années suivantes, la municipalité de Florence mettra à la disposition des défilés de mode deux des plus beaux palais de la Renaissance : le Palazzo Strozzi et le Palazzo Pitti (où, en 1962, a eu lieu la consécration mondiale de Valentino Clemente Ludovico Garavani, dit tout simplement Valentino, très apprécié à cette occasion par les acheteurs d'outre-Atlantique).

Dans le secteur de l'habillement la période du « miracle économique » (1958-1963) est fortement liée à la confection du prêt-à-porter pour le grand public italien. Toutefois, le développement concerne l'ensemble de la production : de la haute couture jusqu'au complet veste-pantalon pour l'employé de banque de n'importe quelle ville de la péninsule. Au cœur de ce système, le prêt-à-porter féminin a une importance croissante, même si la série de crises économiques et sociales des années 1970 pousse les sœurs Fontana à fermer leur usine près de Rome (elle avait été ouverte vingt ans plus tôt en pariant sur le développement du prêt-à-porter).

La période des années 1970 est dramatique à plus d'un titre pour l'Italie. Dans le cas de l'industrie, on voit le déclin de la compétitivité des produits nationaux, construite sur le coût relativement bas de la main-d'œuvre. Une Italie plus riche demande une meilleure répartition des bénéfices du travail, mais cette situation a des conséquences sur un secteur comme le textile, pour lequel les avantages dérivés des bas prix de production de la péninsule étaient très importants. D'autres pays européens commencent, à cette époque, à délocaliser leur production textile et surtout les composants à faible valeur ajoutée. Le choix italien est plus compliqué. Ce choix est inspiré par un personnage très innovateur : Marco Rivetti qui, à la moitié des années 1970, commence à avoir un rôle important à l'intérieur du Gruppo Finanziario Tessile (GFT, la société familiale, née quarante ans plus tôt) et qui en devient PDG en 1986. Rivetti, qui mourra en 1996 à l'âge de seulement 53 ans, agit sur plusieurs tableaux, y compris l'ouverture d'usines en Chine et en Europe orientale. Il parie en Italie sur le lien création-technologie-entreprise, donc entre haute couture et prêt-à-porter (avec des importants accords avec Giorgio Armani et Valentino) et le commerce à grande échelle des produits « griffés ». Il parie, enfin, sur la flexibilité productive de la petite industrie textile italienne, qui dispose à son tour d'un lien tout à fait particulier avec ses micro-fournisseurs, qui sont pour la plupart des entreprises familiales. À ce moment-là, ce type de petites entreprises de textile-habillement, extrêmement dynamiques et tournées vers l'exportation, se développe en particulier dans la Vénétie. Elles se nourrissent parfois des succès mondiaux, comme celui de la famille Benetton de Trévise, qui crée en 1965 sa propre société sur initiative de quatre frères : Luciano, Gilberto, Giuliana et Carlo Benetton.

À cheval entre les années 1970 et 1980, la créativité à l'italienne repart grâce à des noms déjà connus, comme Valentino, et à des signatures relativement nouvelles, qui s'imposent à l'international avec une rapidité impressionnante, comme Armani, personnage plein d'étoffe dans bien des domaines. Giorgio Armani (né en 1934 à Plaisance, dans la région Émilie-Romagne) crée sa propre société en 1975. Il est l'exemple de la véritable nouvelle vague de la mode italienne et de sa capacité à s'affirmer dans plusieurs domaines, avec l'aide de méthodes de financement, de communication et de marketing bien plus efficaces que dans le passé. Bien sûr, il y a le lien privilégié entre haute couture et prêt-à-porter, mais il y a aussi une pluralité d'autres activités (à commencer par les centres commerciaux) et productions. Parmi ces dernières, on trouve les lunettes et les parfums. Les produits signés par Armani deviennent synonymes d'une qualité de vie et d'un goût qu'on a envie de partager même si on n'en possède que quelques « gouttes ».

Après la crise des années 1970, la mode italienne se relance et devient rapidement planétaire : les sociétés les plus connues (d'Armani à Zegna, en passant par Ferragamo, Prada, Gucci, Valentino, Ferré, Versace, Krizia et Laura Biagiotti) signent aussi des produits bien différents de ceux qui sont à la base de leur popularité. La popularité s'exporte à d'autres marchandises. Parfois c'est une ceinture, parfois des chaussures ou des chapeaux, parfois même des voitures. Et voilà que l'univers des couturiers rencontre celui du design automobile : Giugiaro met son nom sur des objets de la maison et Valentino met le sien sur des voitures. Le tout à l'enseigne de cette formule magique qui est la création à l'italienne. Les Arabes ont du pétrole, les Latins ont des idées. Avec ce détail cependant, en 2012, les capitaux du Qatar ont racheté la société Valentino ; le pétrole présenterait donc quelques petits avantages sur les idées.

Évidemment s'habiller a différentes fonctions, en plus de son utilité primaire qui est de nous éviter de circuler en tenue d'Adam et Ève sur une Terre qui n'est plus vraiment le paradis terrestre. Ainsi se vêtir permet également de communiquer aux autres sa propre richesse et donc une présumée supériorité sociale. On peut aussi communiquer aux autres ses propres idées, comme on l'a bien vu à l'époque post-68, quand l'uniformité des jeans symbolisait l'aspiration à une société égalitaire. Également communiquer ses goûts et en particulier un goût pour la beauté, pouvant aller au-delà des discriminations sociales et des différences politiques. Je veux penser que la contribution italienne (et certainement pas seulement italienne) à la mode au niveau international soit bien de cette dernière nature. « *C'è creazione in tutto !* » (« La création est partout »), dit Valentino, à propos de son travail et de celui de ses collègues, dans une interview à la RAI (émission « Mixer », 8 juin 1981). Une phrase digne de la Bible pour définir un art à la limite de la sacralité.

Vive les pâtes, *al dente* !

Restons-en à la Bible, mais en changeant de sujet. Ce jour-là dans le Sinaï un homme nommé Moïse a été le destinataire de dix commandements. Sa relation avec l'eau était un peu particulière. Enfant en bas âge, il avait été sauvé de l'eau et bien plus tard l'eau de la Mer Rouge s'en est partie pour ne jamais le rencontrer. N'aimant pas l'eau, Moïse ne pouvait pas aimer les pâtes. Il ne pouvait donc pas connaître le « décalogue » concernant la bonne préparation de cette manne, qui aurait sans doute pu rendre moins pénible sa traversée du désert. Les principes fondamentaux pour la préparation des pâtes sont :

I. Tu n'auras d'autres pâtes que celles fabriquées grâce à une farine de blé dur.
II. Les pâtes ont besoin de beaucoup d'eau et d'un peu de sel dans la même eau. La proportion est de 100 grammes de pâtes par personne, 1 litre d'eau pour cent grammes et 10 grammes de sel (gros sel de cuisine) pour chaque litre d'eau. Mettre plus d'eau n'est pas un péché (bien au contraire), mais dans ce cas il est conseillé de mettre un peu plus de sel (comme l'observerait le marquis de La Palice, qui d'ailleurs participa aux « guerres d'Italie », en perdant sa vie et sa bonne humeur en 1525 à la Bataille de Pavie).
III. Le sel est mis dans l'eau quand celle-ci commence à frémir ; juste au début de l'ébullition.

IV. Un peu plus tard, quand l'ébullition est à son comble, tu jetteras les pâtes dans la casserole.

V. Normalement, il est souhaitable de choisir une casserole haute (et pas trop large) qu'une basse et large. Seule exception, car il en faut toujours une, les « tagliatelles » fraîches, qui préfèrent une casserole basse et large.

VI. Il faut réduire au minimum la période où l'eau – ayant perdu de la température suite à l'introduction des pâtes – suspend son ébullition. Il est donc préférable d'augmenter la source de chaleur à l'instant qui suit l'introduction des pâtes. L'idéal est de pouvoir potentiellement augmenter l'intensité du gaz ou de l'électricité du fourneau. On peut faire bouillir l'eau avec le maximum d'énergie, mais – au moment de l'ébullition – on baisse la flamme pour deux ou trois minutes ; l'eau continue à bouillir ; jeter les pâtes et immédiatement augmenter la flamme au maximum. Ensuite, quand l'ébullition recommence, régler la flamme pour éviter tout débordement de l'eau.

VII. Discours sur ma méthode. Les pâtes sont toujours meilleures quand elles terminent, pendant une ou deux minutes, leur cuisson mélangées à la sauce. Pour obtenir ce résultat, il faut disposer de deux feux (au moins) et de deux casseroles. Mieux encore, une casserole pour l'eau et une grande poêle pour la cuisson finale. Tandis que les pâtes bouillent dans la casserole haute, terminer la préparation de la sauce (par exemple une sauce tomate) dans la poêle ; enlever les pâtes de l'eau quand elles sont encore très *al dente* ; les égoutter et les mettre immédiatement après dans la poêle avec la sauce ; rajouter juste un peu d'huile d'olive, augmenter la flamme et remuer pendant deux minutes puis verser le tout dans un plat. Si tu es pressé, tu peux très bien te limiter à préparer (ou à faire chauffer) la sauce, en la mettant ensuite sur les pâtes déjà égouttées. La première méthode (appelée en italien « *spadellare* » ou « *passare in padella* », passer à la poêle) est certainement meilleure, surtout si tu as des invités ; mais la seconde (plus simple et rapide) n'est pas un péché.

VIII. Tu n'arrêteras jamais la cuisson des pâtes. Même si tes amis sont en retard, n'imagine pas arrêter la cuisson en jetant un peu d'eau froide dans la casserole. Une fois égouttées les pâtes ne doivent pas attendre. Que tu choisisses une méthode ou l'autre, tout doit aller vite.

IX. La durée de la cuisson est normalement indiquée sur l'emballage. (Si tu veux les « passer à la poêle », il faut les enlever de l'eau avant la durée indiquée.) Mais il est toujours préférable de contrôler. Une fois dans l'eau bouillante les pâtes doivent être de temps en temps remuées, tu peux donc, vers la fin de la cuisson, en goûter une pour trouver le moment qui te paraît idéal pour les égoutter. Seulement l'expérience te permettra de trouver ce moment, en tenant compte de tes propres goûts.

X. Apprends à cuisiner de bonnes pâtes ! Tu ne convoiteras pas les pâtes de ton prochain ni sa femme italienne qui les cuisine.

On dit que Marco Polo (Venise, 1254 – Venise, 1324), à son retour de Chine, a ramené l'idée de fabriquer les pâtes. Dans ce cas, il faudrait remercier le peuple chinois et aussi le voyageur vénitien, même si la farine chinoise est souvent faite de riz plutôt que de blé dur. En Italie, le riz est utilisé pour des excellents « risotti », parfois à la couleur du safran. La une de l'hebdomadaire parisien *L'Illustration* du 12 janvier 1935 est dominée par deux visages – Pierre Laval et Benito Mussolini – et par un titre : « *Les entretiens de Rome et l'accord franco-italien* ». Bien plus sérieuse que l'éphémère entente transalpine, regardons l'annonce publicitaire qui paraît à la page IV de ce même numéro. Titre : « Les pâtes à l'italienne ». On peut y lire : « Pour un grand nombre de Français le terme pâtes alimentaires s'associe à l'idée d'un mets fade et sans agrément : il n'en est rien. Il existe plusieurs méthodes pour la fabrication même des pâtes. La méthode italienne, résultat d'une longue expérience, est la plus longue, la plus coûteuse, mais elle donne ces produits incomparables qui ont fait dans le monde entier la réputation des pâtes d'Italie ». Même dans les moments les plus difficiles de l'histoire, une chose est claire :

un Italien sert à préparer les pâtes. Les préparer dans toutes les significations de ce mot. À partir de ce miracle de la nature, qui est l'assemblage eau-farine. C'est comme le big bang de la gastronomie. La naissance d'un nouvel univers alimentaire. Une fois devenue matière vivante, cet assemblage se manifeste par une quantité de formes qui, dans la péninsule, ont des noms nationaux et régionaux. Spaghetti et maccheroni, linguine et rigatoni, penne et lumaconi, lasagne et cannelloni, conchiglie et pappardelle, pipe et tagliatelle, fettuccine et rotelle, ziti et tortellini, bavette et bucatini, maltagliati et chifferini, farfalle et spaghettini, garganelli et vermicelli, paccheri et agnolotti, trenette et pansotti. Le langage des pâtes à l'italienne est déjà un poème.

Toutes ces pâtes, rappelons-le, doivent être cuites *al dente*. Surtout elles ne doivent pas rester trop longtemps dans l'eau. « Les pâtes trop cuites peuvent servir au mieux à coller les affiches sur les murs de la ville ! », m'a dit une fois une dame de Bologne. Dame assez âgée et très sage (même si je ne suis pas très sûr de sa compétence en matière d'affichages publics : je doute que les affiches collées à coups de spaghettis soient en mesure de rester longtemps en place). Les villes italiennes ont une relation particulière avec les pâtes et parfois (comme dans la vallée du Pô) aussi avec le riz. En visitant le centre historique de Bari, on ne peut que tomber sur ces femmes qui font les « orecchiette », en utilisant leurs doigts pour donner aux morceaux de pâte cette forme typique : celle d'une petite oreille (oreille se dit *orecchio* en italien). Ensuite la recette locale, célèbre et célébrée presque comme le saint protecteur de la ville, saint Nicolas, exige de préparer les orecchiette avec des brocolis. Aimer les pâtes est peut-être la meilleure façon de se convaincre définitivement qu'un Italien sert encore à quelque chose. « *Buongiorno Italia, gli spaghetti al dente/e un partigiano come presidente* » (« Bonjour Italie, les spaghettis *al dente* et un partisan pour président ») chantait Toto Cotugno (Fosdinovo, Toscane, 1943), heureux à la fois pour les pâtes et pour l'élection du socialiste Sandro Pertini (Stella, Ligurie, 1896 – Rome, 1990) à la présidence de la République, en 1978. Le meilleur parmi les socialistes. Un héros de l'antifascisme et de la Résistance. L'un des rares hommes politiques que les Italiens ont vraiment aimé du fond du cœur.

Sacrés Italiens !

J'ose espérer qu'en ce XXIe siècle un Italien puisse trouver bien d'autres façons de se rendre utile au genre humain qu'en cuisinant des « rigatoni alla carbonara ». Quant aux Italiens dans leur ensemble, ils doivent surtout apprendre à être utiles à eux-mêmes. Pour obtenir ce résultat, ils n'ont qu'à réfléchir à la leçon que leur apprend l'expérience de leur compatriote le plus célèbre : Pinocchio. Ses aventures et ses mésaventures montrent une chose bien précise : mentir ne sert à rien. Surtout, se mentir est un choix qui ne mène nulle part. S'il y a un dicton populaire italien qu'il faut effacer, c'est bien celui qui dit : « *Chi ha dato ha dato ; chi ha avuto ha avuto ; scurdammuce o passato !* » (« Celui qui a donné a donné ; celui qui a reçu a reçu ; oublions le passé ! »). Eh non. Il ne faut surtout pas oublier. Au contraire, il faut étudier les leçons du passé, proche et lointain. Il y a des Italiens qui donnent beaucoup trop et d'autres qui reçoivent beaucoup trop ; étudier le passé sert à éviter que certaines erreurs se reproduisent. Par exemple, l'Italie ne peut pas rester un pays à très forte évasion fiscale. Si certains trichent, d'autres sont injustement matraqués comme, entre autres, les retraités qui sont taxés à un niveau élevé même dans le cas de revenus modestes. On ne peut plus exorciser ce genre de problèmes et d'injustices par un « *Scurdammoce o passato !* » (« Oublions le passé ! »).

Au début de ce livre, j'ai remarqué que les Italiens ont besoin de se trouver au bord du gouffre pour se rassembler. Ce n'est pas totalement exact. Ils se rassemblent aussi quand la « Squadra azzurra », l'équipe nationale, arrive à disputer une finale de la Coupe du monde du football. C'est arrivé quatre fois depuis la dernière guerre. Deux victoires et deux défaites. Les Italiens doivent comprendre qu'un peuple peut se rassembler aussi pour construire son avenir. Ils doivent apprendre à regarder plus loin que le bout de leur nez. Ils doivent aussi apprendre à respecter leurs institutions. Mais tout se complique si les institutions, de leur côté, ne font pas un réel effort pour être de plus en plus respectables. Il y a sur ce terrain un cercle vicieux à briser dans les meilleurs délais. Seul un État crédible, efficace, juste, généreux et bien sûr démocratique peut exiger le respect de son peuple. La première, la fondamentale, la vraie réforme italienne ne peut être que la réforme de l'État.

Après vingt ans de « Seconde République », l'image de l'Italie dans le monde est dramatiquement faible (malgré les vins, les pâtes, la musique et le Nutella). Heureusement pour l'Italie, les médias internationaux n'ont pas fait grand cas de certains épisodes, qui auraient pu avoir un impact très négatif pour l'État italien. C'est le cas du « bras d'honneur » que l'ex-footballeur argentin Maradona a fait en direct, devant les caméras, lors de l'émission « *Che tempo che fa* », l'une des plus populaires de la RAI. Le fisc italien réclame depuis de nombreuses années beaucoup d'argent à Maradona (la somme atteint maintenant les 39 millions d'euros) et, en 2013, le joueur a donné sa réponse par ce geste vulgaire et terriblement méprisant envers l'État italien. Mais il y a pire : le public, qui aurait pu siffler ou se taire, a applaudi. Expliquez-moi quel devrait être l'état d'âme d'un retraité italien, qui se voit tous les mois retirer à la source un tiers sa pension de mille euros et qui, en plus, paie la redevance pour le financement de l'audiovisuel public ?

En ce début de XXIe siècle, les Italiens manquent cruellement de certitudes. La seule certitude des Italiens est vieille comme leur histoire : la famille, le clan, la tribu. Ensuite les Italiens font en sorte que les familles, les clans, les tribus, les villes et les partis se battent entre eux au point de se déchirer. Certains experts et super-experts ont affirmé que les Italiens sont individualistes. Je ne suis pas d'accord. Le réflexe de l'Italien n'est pas celui de penser au « moi », mais celui de privilégier le « nous ». Même l'Italien le plus égocentrique de tous les temps, naturellement il s'agit de Silvio Berlusconi, a perçu le besoin de bâtir un clan (et ensuite un parti politique) autour de sa personne. À tel point qu'il a fait réaliser dans le parc de sa luxueuse résidence près de Milan un gigantesque monument funéraire (réalisé par le sculpteur italien Pietro Cascella) ; des sépultures destinées à ses proches et à ses amis et disposées en cercle autour de son futur tombeau. Un jour (bien avant de se disputer avec lui), il a montré tout cela au célèbre journaliste de droite Indro Montanelli, en l'informant que le tombeau numéro 6 était à sa disposition. Il paraît que Indro Montanelli a répondu avec ironie par une phrase de la Messe en latin : « *Domine, non sum dignus !* » (« Seigneur, je ne suis pas digne ! »). Berlusconi a également montré avec fierté ce mausolée à Gorbatchev, mais sans lui offrir l'hospitalité pour la vie éternelle. J'imagine que l'ex-leader soviétique a fait (dans sa tête) une comparaison avec le mausolée de Lénine sur la place Rouge.

La crise économique a augmenté la propension, déjà forte, de l'Italien à s'intégrer dans une entité collective et protectrice. L'Italien – qu'il soit pauvre ou riche, du Nord ou du Sud, de droite ou de gauche, laïque ou croyant, intellectuel ou ouvrier, actif, chômeur ou retraité – aime appartenir à une entité sociale susceptible de le rassurer et de le garantir en cas de besoin. Le peu de confiance en l'État incite toutes ces catégories d'Italiens à trouver une parade aux dangers qui menacent leur réalité quotidienne. En premier lieu, comme je viens de le remarquer, c'est la famille élargie, qui devient un véritable clan. Mais il y a aussi la tribu des amis, parfois rassemblés par une commune conception politique, syndicale ou spirituelle. Exemplaire est le succès obtenu par le mouvement catholique « Comunione e Liberazione » (« Communion et Libération », CL), que ses adversaires accusent de dérive sectaire. La force du CL est telle que l'université d'été de ce mouvement est devenue un moment incontournable de la politique nationale.

À l'époque de la Première République, le besoin associatif des Italiens amenait souvent vers la paroisse et aussi vers la section de la Démocratie chrétienne, du Parti communiste ou du Parti socialiste. Désormais, le Cercle ouvrier de la petite ville où j'ai vécu jusqu'à l'âge de 17 ans (Galliate, près du Tessin) est devenu un restaurant chinois. Les ouvriers jouaient à la Grenouille (un peu l'ancêtre du flipper, il s'agit de lancer des jetons dans des cavités disposées sur une table) et ensuite ils dégustaient ce magnifique plat à base de grenouilles frites. Dans le menu, on trouve maintenant des plats exotiques à la sauce aigre-douce. Pour moi, la saveur du nouveau menu est bien plus aigre que douce. Le « Cercle ouvrier Premier Mai » de Galliate n'existe plus, mais le vieil emblème de la section locale du Parti socialiste, avec faucille et marteau, est gravé dans le marbre de l'immeuble qui héberge désormais le restaurant chinois. L'Orient est rouge.

À l'époque de la Seconde République, le besoin communautaire a contribué à relancer un phénomène important et positif : la naissance de nouvelles associations, ayant pour but l'aide bénévole aux malades et en général aux plus faibles de la société. Sans besoin de se faire de la publicité, une Italie généreuse et dynamique a défié l'égoïsme et l'arrogance de la partie émergée de l'iceberg social. Il arrive que ces associations de bénévoles agissent en coordination avec les institutions catholiques et dans d'autres cas elles sont totalement laïques. Peu importe. Elles témoignent de l'existence d'une Italie admirable sur le terrain moral. D'une « belle Italie », dont les journaux s'aperçoivent rarement. Ces associations permettent à des personnes seules et âgées de se débrouiller face à la jungle administrative nationale. Elles se battent contre la solitude de ceux qui ont été repoussés aux marges de la société. Elles font souvent ce que l'État n'est pas capable de faire. Parfois les associations s'engagent dans la défense du patrimoine culturel, en arrivant à créer des emplois par la préservation de l'environnement naturel ou des œuvres d'art. Parfois elles agissent sur le terrain de la lutte contre la drogue afin d'aider et de réinsérer les toxicomanes dans la société, de leur donner une seconde chance. Parfois, comme on l'a vu dans le chapitre sur les Mafias, elles défient les organisations criminelles en travaillant sur des terres confisquées à cause de l'affiliation mafieuse de leurs propriétaires. Il existe dans l'Italie actuelle une forme de générosité à la base de la pyramide sociale.

Si la Première République (au début des années 1980, le seul Parti communiste avait un million et demi d'inscrits et le mouvement syndical était particulièrement fort) a été caractérisée par une envie participative dans la sphère de la politique, la nouvelle période voit le même élan se matérialiser dans d'autres formes d'engagement social. Le visage de Berlusconi (avec ses discours au sujet de la réussite à tout prix) n'est vraiment pas le seul visage du peuple italien. Il y en existe un autre bien différent. Les deux âmes cohabitent dans un même corps. Freud parlerait de schizophrénie (mais, malgré tout, il se régalerait avec des gnocchis ou des *rigatoni alla carbonara*). Dans les moments difficiles, Freud disait « Ce qu'il me faut, c'est l'Italie ». J'espère qu'il le dirait aussi aujourd'hui.

L'initiative des nombreuses associations bénévoles contribue à donner de l'espoir aux Italiens, qui, déjà, dans le passé ont exprimé des élans de générosité à l'occasion des grandes catastrophes nationales. Tremblements de terre et inondations ont marqué le XXe siècle. L'Italie est une terre à haut danger sismique, comme le Japon et la Californie. Mais les dégâts liés à un tremblement de terre de la même intensité sont bien différents parce que les immeubles sont construits de façon différente, sans le respect systématique des normes de construction parasismique. Même discours pour la prévention des inondations, sujet dont on parle seulement après des désastres. Quand, fin 1966, les eaux de l'Arno ont inondé Florence, des milliers d'étudiants de l'Italie tout entière ont passé leurs vacances de Noël à travailler dans cette ville, pour enlever la boue qui s'était infiltrée partout. Avec le goût italien pour l'exagération, les médias les ont appelés « les anges de la boue ». J'étais là et je ne me sentais vraiment pas un ange. D'ailleurs, les anges sont asexués et se couchent tôt, tandis que nous, nous étions actifs la nuit comme le jour. Mais la boue était bien réelle.

On dit que le débat sur le sexe des anges (ont-ils un corps ? ont-ils un sexe ? font-ils l'amour ?) a été au centre de l'attention des intellectuels byzantins au moment de l'occupation ottomane de Constantinople, le 29 mai 1453. À cette époque, les populations se déplaçaient à cause des guerres et les territoires changeaient de main de façon sanglante. Sommes-nous en train de nous laisser détourner par des discussions byzantines tandis que la Méditerranée est encore une faille entre deux mondes ? Les eaux de la Méditerranée sont à nouveau rouges de sang et ce n'est pas la conséquence de la pêche au thon. L'immigration (heureusement) n'est plus l'invasion armée des troupes ottomanes de Mehmed II. L'état d'urgence est humanitaire et pas militaire. Mais, ce n'est pas une raison pour ignorer le problème. Un peu comme à Constantinople, à Bruxelles on adore discuter du sexe des anges. Pardon, du sexe de l'euro (qui d'ailleurs a déjà largement montré sa virilité). Par contre, on n'aime pas regarder certaines situations critiques qui exigeraient au moins une intervention humanitaire. C'est le cas de tous les sujets liés à l'immigration, surtout celle de provenance africaine.

Les chiffres sur l'immigration en Europe doivent être étudiés avec précaution. Le poète romain Trilussa (Rome, 1871 – Rome, 1950) donnait l'exemple d'une personne qui mange un poulet et d'une autre qui n'a rien à manger : selon les statistiques officielles, elles mangent un demi-poulet chacune. Tant pis pour le poulet, et aussi pour la vérité. Les statistiques disent que le nombre d'immigrés en Italie, par rapport à la population totale, n'est pas spécialement élevé en comparaison avec les autres principaux pays européens. Mais, en France, l'immigration est un phénomène traditionnel, qui existe depuis très longtemps, tandis qu'en Italie elle s'est concentrée sur les deux ou trois dernières décennies. Les conditions de cette immigration ont été spécialement dramatiques et les Italiens se sont sentis, à juste titre, abandonnés et parfois trahis par l'Europe au moment de faire face aux urgences dans la Méditerranée. C'est vrai que l'Allemagne a absorbé un grand nombre d'immigrés provenant des pays de l'Est, mais cette immigration a eu lieu dans des conditions beaucoup moins dramatiques et surtout dans un contexte de changements stratégiques (chute du Mur de Berlin en 1989, réunification nationale) dont les Allemands ont été largement bénéficiaires. Toute comparaison entre les deux situations est arbitraire, inopportune et parfois un peu hypocrite.

L'Italie a été forcée de subir la vague migratoire des Albanais vers les côtes des Pouilles et ensuite celle à partir de l'Afrique du Nord vers la Sicile. La Botte a été en première ligne tandis que Bruxelles et les autres pays européens évitaient de s'impliquer réellement face à l'état d'urgence dans la Méditerranée. Certains pays ont même renforcé (malgré Schengen) leurs contrôles aux frontières italiennes, sans vouloir comprendre que Rome se trouvait face à une véritable tragédie humanitaire, totalement indépendante de sa volonté. Une belle leçon de sensibilité sur le terrain des « droits de l'homme ». Il a fallu une tragédie particulièrement effroyable, comme la mort de 339 hommes, femmes et enfants dans les eaux de l'Île de Lampedusa, le 3 octobre 2013, pour pousser l'Europe à donner quelques signes de sensibilité au sujet de ces désespérés qui arrivent d'Afrique en traversant la Méditerranée.

Pourtant une partie de l'Europe ne manque pas de responsabilité dans le processus de changement qui a favorisé l'augmentation du flux de réfugiés en direction de la Sicile. Il s'agit en particulier des pays (France et Grande-Bretagne) qui, avec beaucoup plus de détermination, ont poursuivi en 2012 leur intervention militaire en Libye. Évidemment, le colonel Kadhafi était un personnage infréquentable, mais il l'était déjà quand Nicolas Sarkozy l'invitait à Paris avec tous les honneurs et quand Berlusconi lui baisait la main devant les caméras. Au moment d'intervenir en Libye, les Occidentaux ne se sont pas interrogés sur les conséquences. À ce moment précis le ministre français des Affaires étrangères, Alain Juppé, est allé à la « Salle Empire » (la salle de presse de l'Assemblée nationale) pour dialoguer avec les journalistes de l'Association de la presse parlementaire française. Après le discours du ministre, relatif surtout au cadre diplomatique de l'intervention militaire, je lui pose la question suivante : « Monsieur le ministre, êtes-vous conscient que les opérations militaires en Libye et la déstabilisation de ce pays, où vivent un grand nombre de travailleurs originaires d'autres États africains, vont provoquer une vague migratoire vers l'Italie et en particulier vers l'île de Lampedusa ? Êtes-vous prêts à aider l'Italie face à la probable crise humanitaire qui va se vérifier dans la Méditerranée ? ». La réponse a été dans le pur style de la langue de bois politicienne. Avec, en plus, une certaine irritation. « *De minimis non curat praetor* » est le proverbe latin selon lequel un VIP ne perd pas son temps à s'occuper de petites choses (« *minimis* »). En effet, des milliers de morts dans les eaux de la Méditerranée sont une banalité aux yeux des chancelleries du monde entier. Espagne et Italie, Grèce et Malte n'ont qu'à se débrouiller toutes seules. Si elles ferment leurs portes à ces immigrés, l'Europe les accusera d'attitude xénophobe. Si elles ouvrent les portes à l'immigration clandestine, les autres Européens augmenteront les contrôles sur les Alpes et les Pyrénées. Dans ce contexte international, il y a une raison de plus pour rendre hommage au travail des associations humanitaires italiennes, qui ont donné une leçon concrète de lutte contre la xénophobie.

L'Italien se débrouille toujours. Mais cette fois c'est plus difficile. Les Italiens sont vraiment en difficulté, en ce début de nouveau siècle, parce que le poids d'une dette énorme est difficile à porter sur leurs épaules. Le passage à la monnaie unique n'a pas créé la maladie, mais il l'a rendue visible, en permettant (pardon, en imposant) à l'Italie de perdre ses vieilles habitudes de gestion à la légère de sa propre finance publique. Encore faut-il que l'Europe soit capable d'utiliser un peu de bon sens vis-à-vis de l'Italie. La technocratie communautaire ne peut pas se comporter envers les Italiens d'aujourd'hui comme s'ils devaient être systématiquement punis pour les fautes de leurs pères. Bruxelles doit aussi comprendre que les Italiens ont un grand besoin de retrouver la confiance. De comprendre qu'ils peuvent réussir, qu'ils ont tout pour réussir et que leur avenir aura une influence fondamentale sur celui de l'Union européenne en tant que telle. L'Italie croit en l'Europe, mais l'Europe doit faire des efforts pour essayer de comprendre les Italiens. La finance est importante, mais elle n'est pas tout.

En ce début de XXIe siècle, l'Italie (trop grande pour être petite et trop petite pour être grande) risque d'être considérée – pour utiliser une comparaison chère à Alessandro Manzoni – comme un pot en terre au milieu des pots de fer. Si, en plus, on rajoute les conséquences désastreuses que les révélations sur les pots-de-vin ont pour la crédibilité nationale, le résultat risque de justifier un pessimisme. Heureusement, les Italiens ne sont pas portés sur le pessimisme. Plutôt pour un certain fatalisme. « Les choses iront comme elles doivent aller ! », disait ma grand-mère dans les moments difficiles. Gianna Nannini, la star du rock italien au féminin, née à Sienne en 1954, exprime ce concept en chantant : « *E mia nonna è una quercia e va/s'erge sulla tempesta/nei momenti di guerra stira/senza lacrime oscure* » (« Et ma grand-mère est comme un vieux chêne/plus forte que la tempête/pendant les moments de guerre, elle repasse le linge à la maison/sans une larme, sans une larme obscure »). En écoutant les mots de cette chanson *Donne in amore* (*Femmes en amour*), je me suis demandé si Gianna et moi, on n'avait pas, par hasard, la même grand-mère. La réponse est non, mais, évidemment, les grands-mères italiennes se ressemblent beaucoup.

Cette fois les Italiens ne peuvent pas utiliser le fatalisme pour minimiser leurs responsabilités et leurs tâches. Ce qui crève les yeux, c'est que l'Italie actuelle est un pays de contradictions, où cohabitent souvent le meilleur comme le pire. Y compris dans le secteur de l'économie, qui voit, d'un côté, un dramatique chômage des jeunes et, de l'autre, le grand dynamisme des PME à l'exportation. Au milieu de ces contradictions italiennes, il y a trois certitudes. 1) L'Italie a les moyens pour sortir de sa crise, qui a des racines plus profondes qu'ailleurs en Europe ; 2) La sortie de crise implique pour l'Italie des réformes sérieuses et difficiles en matière de politique comme en matière d'économie ; 3) Si les choses vont mal pour l'Italie (et je ne veux pas le croire), elles iront forcément mal aussi pour l'Europe tout entière.

L'histoire italienne est très ancienne, mais l'esprit national italien est relativement récent. Il est une conséquence du séisme de la Révolution française et de l'arrivée en Italie de l'armée du général Bonaparte (même s'il s'est nourri de références culturelles vieilles des siècles passés, personnifiées par le personnage hautement symbolique de Dante Alighieri). L'armée napoléonienne, arrivée en 1796, avait un double visage : celui de la conquête et celui de la libération. La conquête est bientôt finie, mais les idées nouvelles (de liberté et aussi d'unité nationale) sont restées et sont devenues fertiles dans les milieux plus ouverts et plus dynamiques (on pourrait bien dire plus « européens ») de la péninsule. Ce n'est pas un hasard si le drapeau italien, emblème officiel du pays à partir de 1861, a été copié sur le drapeau tricolore français afin d'exprimer le rêve naissant d'unité et de progrès de la péninsule. Les choix tragiques de l'Italie monarchique – aventures coloniales, entrée dans la Première Guerre mondiale, dictature fasciste, entrée dans la Seconde Guerre mondiale – ont ensuite lourdement conditionné l'idée nationale des Italiens. La nouvelle Italie démocratique et républicaine, fille d'une Constitution exemplaire, a permis le progrès du pays, mais elle a déçu ses habitants. Au XXIe siècle, l'Italie – peuple très ancien et nation encore récente – a devant elle une alternative assez claire entre reforme et déclin. Heureusement l'intégration européenne la pousse avec force dans la première direction. Depuis la première révolution industrielle, les Italiens se plaignent en disant qu'ils ont peu de matières premières. Ils ont même utilisé ce discours pour essayer de justifier leurs guerres coloniales. Le résultat est qu'ils sont arrivés en Libye à cultiver le désert et qu'ils ne se sont pas aperçus qu'une mer de pétrole dormait sous ce désert. Cette fois la disponibilité ou l'absence de matières premières dépend uniquement des Italiens eux-mêmes. Ces matières premières s'appellent bonne volonté, détermination, capacité de se rassembler et surtout confiance. À l'heure actuelle, la matière première qui manque le plus cruellement en Italie est la confiance. Confiance entre Italiens. Confiance entre les Italiens et leur État. Confiance de l'État en lui-même et des Italiens en eux-mêmes. Même le fait que les familles italiennes mettent au monde peu d'enfants a un lien avec ce manque de confiance en l'avenir. Mais là, je dois me corriger. La confiance n'est pas une matière première. C'est le résultat d'un long et patient travail. Car la confiance s'accumule goutte après goutte et se perd par litres.

Achevé d'imprimer en France
par Dupli-Print à Domont (95)

308820 – (II) – (0,5) – OSB 90° – GUI – BTT
Dépôt légal : avril 2014
N° d'impression : 2014040881